ICACHI人机交互系列

CHANGEMAKERS

变革者

领导者们是如何设计变革的

[美] 玛利亚·朱迪切
(Maria Giudice)

克里斯托弗·爱尔兰
(Christopher Ireland) / 著

胡晓 / 译

清华大学出版社
北京

北京市版权局著作权合同登记号　图字：01-2024-1882

图书在版编目（CIP）数据

变革者：领导者们是如何设计变革的 /（美）玛利亚·朱迪切（Maria Giudice），（美）克里斯托弗·爱尔兰（Christopher Ireland）著；胡晓译. -- 北京：清华大学出版社，2024. 8. --（ICACHI 人机交互系列）.

ISBN 978-7-302-66818-3

Ⅰ．F272

中国国家版本馆 CIP 数据核字第 2024B68D51 号

责任编辑：张　敏
封面设计：郭二鹏
责任校对：胡伟民
责任印制：曹婉颖

出版发行：清华大学出版社
　　　网　　　址：https://www.tup.com.cn，https://www.wqxuetang.com
　　　地　　　址：北京清华大学学研大厦A座　　　邮　　编：100084
　　　社　总　机：010-83470000　　　　　　　　邮　　购：010-62786544
　　　投稿与读者服务：010-62776969，c-service@tup.tsinghua.edu.cn
　　　质　量　反　馈：010-62772015，zhiliang@tup.tsinghua.edu.cn
　　　课　件　下　载：https://www.tup.com.cn，010-83470236
印 装 者：涿州汇美亿浓印刷有限公司
经　　销：全国新华书店
开　　本：148mm×210mm　　　印　　张：6.75　　　字　　数：225千字
版　　次：2024年10月第1版　　　印　　次：2024年10月第1次印刷
定　　价：59.80元

产品编号：104950-01

献　词

献给我的母亲——卡罗尔·弗拉泽塔，她用创意战胜困难，赋人生以价值，是真正的创变者和人生楷模。

——玛丽亚·朱迪切

献给戴维斯，一切因你而不同。

——克里斯托弗·爱尔兰

译者序

在这个快速变迁的时代，变革不仅是时代的旋律，更是推动社会进步的强大动力。作为译者，我深感荣幸与责任，引领读者深入探索那些敢于引领变革、重塑未来的领导者们的内心世界。

设计，在当今社会已不再仅仅局限于产品或界面的美学优化，它已成为推动变革、引领创新的重要力量。而设计领导力，则是这一过程中不可或缺的核心要素。正如 IXDC 国际体验设计大会所强调的，设计领导力不仅关乎于如何以设计思维引领团队、解决问题，更在于如何以设计作为战略工具，推动组织乃至整个行业的变革与发展。

两位作者以其独特的视角和深厚的洞察力，为我们描绘了一幅变革者的群像。她们通过深入挖掘不同领域领导者的亲身经历与宝贵经验，揭示了变革背后的复杂逻辑与人性光辉。这些故事不仅是对变革过程的理性剖析，更是对领导者们内心世界深刻情感的细腻描绘，让我们看到了变革背后的坚持、勇气与智慧。

本书不仅是一部关于变革的指南，更是一部激发创新思维与变革意识的宝典。它告诉我们，变革并非遥不可及的理想状态，而是可以通过我们的努力与智慧逐步实现的现实目标。它鼓励我们勇敢面对挑战，以共情和创意为指引，通过以人为中心的视角来拥抱改变。

在此，我特别感谢清华大学出版社有限公司对这部译著的精心策划与大力支持，感谢两位作者的辛勤耕耘与深刻洞察。同时，我也要感谢我的团队成员张运彬、苏菁等人在翻译过程中给予的帮助与支持。希望这部译著能够成为广大读者在设计领导力与变革管理领域的宝贵参考，共同推动设计思维与变革力量的融合与发展。愿每一位读者都能从本书中汲取到力量与智慧，勇敢地走在变革的道路上，共同创造一个更加美好的未来。

胡晓

2024 年 9 月

前　言

凯特·霍姆斯

2022 年 7 月于美国华盛顿州西雅图市

创变的想法总是十分诱人。从小，我就希望能够让世界变得更加友好、安全和健康。正在阅读本书的你，想必也是被这种念头所深深吸引。许多人追求高难度的工作和职业，只为给自己更大的挑战，给世界留下深远的影响。与此同时，许多改变的发生往往起源于一些简单的小事，根植于我们的日常生活。

然而，创变并非某种可以通过观察或学习而获得的技能，它的发生往往来自不断地试验。某种情境下的成功经验，在其他情境下未必适用。即使是人类历史上最具代表性的创变者，也无法提供适用于所有人的技巧指导。

在本书中，克里斯托弗和玛丽亚为我们列出了成为一名创变型领袖需要具备的各种品质。来自不同行业领袖的肺腑箴言，则为本书带来深刻的共鸣感和广泛的实操性。克里斯托弗和玛丽亚将这些真知灼见穿插在自己数十年的宝贵经验之中。作为系统思考者、女性科技从业者和注重设计思维的首席执行官，两人的开创性工作为许多人开辟了一条可行之道。

我在撰写《误配：包容如何改变设计》的过程中，面临的最大挑战就是抗拒改变。系统性改变之所以举步维艰，主要原因还是人类自身，任何时代和利益相关方都是如此。不得不承认，我们在沟通、合作和建立关系方面还有极大的改善空间。"唯一不变的就是变"，赫拉克利特的这句隽永名言现在听来比任何时候都更加适用。不过，击败我们的往往不是改变本身，而是其可预见的副产品：恐惧。

"改变"一词，仅仅提及，便能引起愤怒、怀疑和绝望。于是，创变成为一项冒险之举，有时也意味着孤独和心碎。但是，本书以胸有成竹的乐观主义精神提醒我们，我们并不孤单。既然恐惧是可预见的反应，那也意味着我们可以提前武装自己。这样，改变发生之际，我们就不会惊慌失措，而是可以做到有备无患，积极应对。

克里斯托弗和玛丽亚邀请我们以共情和创意为指引，通过以人为中心的视角来拥抱改变。他们在《创意型领袖：从 CEO 到 DEO》这本书的基础上进一步拓展，深入探讨如何将问题和机遇转变为创意上的挑战。

当今社会的迅速发展，决定了我们无法满足现有的方案。如今的变革，应该更像园艺和舞蹈，而非建筑和军队。我们必须放弃任何指挥或控制变革进程的想法，学会追求进步而非完美。我们必须放弃对标准答案的执着，思考如何提出更好的问题。

正如克里斯托弗和玛丽亚所言："没有人会雇佣一支设计团队来维持现状。"与此同时，"现代变革者已经不再将问题视为静止状态，而是根据环境的不断演变和复杂程度，寻找适合的解决方案。"

希望各位都能怀抱着希望和勇气，在变革的旅途中彼此关照，破浪前行。

目　录

第一章　未来并不完美

尼尔·阿姆斯特朗（Neil Armstrong）登月之际，进步的概念已经十分普及，所有人敞开怀抱，迎接最新的疫苗、便捷的快餐、先进的设备和高性能的汽车。在人们的脑海中，未来将如迪士尼般梦幻美好；在热门电视节目中，更多的变革将接踵而来。

在这种语境下，"改变"就等同于"进步"。新兴企业靠产品研发的商业化迅速崛起，传统企业则专注于在原有的基础上进行优化、改造和拓展。毕业生一个个摩拳擦掌，投身计算机科学和基因工程等新兴行业，仿佛手里已经紧攥着通往美好未来的门票。小朋友们则幻想自己早已生活在一个拥有飞行汽车和机器狗的世界。这一切的背后潜藏着一个所有人都心照不宣的承诺——改变。那些引领变革的人，将为人们带来科技、社会和组织层面的积极进展，让人们源源不断地从中受益，并渴求更多。

如今人们虽然未能成功移民月球，但其中部分发展的确如当初所设想的成为了现实。21 世纪初的那几年，人们还在为翻盖手机、有线电视和百科全书光碟而欢呼。不到 20 年的时间，手机就已经进化成可以随时随地获取所有信息的超级计算机。数十亿人口成功脱离极端贫困处境，医学的飞速发展让所有人的生活得到改善。世界各国的领袖在 Twitter 与粉丝们直接对话，女性、有色人种和 LGBTQ 群体也终于赢得一部分权力。

从任何层面上来说，这些都是进步的体现，并且基本符合大家当年的迪士尼梦幻愿景。然而，这些发展的轨迹并非一帆风顺，在造福人类之余，也带来许多意想不到的后果。尽管刚刚挥别青春的科技巨头帮助人们跨越距离的阻碍，成为地球村的居民，却也让谣言和谎言侵占人们的日常。人们担心自己的行踪被监控，手机被监视，个人数据被高价抛售。企业几乎每隔一年就会进行重组，雇员们的技能也不得不经常更新，因为自己的职位随时有可能被取代，有时竞争的对手甚至不是人类。

改变的发生是如此普遍和迅速，伴随而来的除了惊喜与刺激，也许还有巨大的压力。只需随机抽取部分人群进行调查，这种压力便不言自明。你会从那些引领变革的人口中听到鼓舞和挫败并存，满足与焦虑同在。你会听到被改变的人向你描述，变革是多么必需和有益，但与此同时，又是多么令人畏惧和担忧。无条件的支持和乐观主义都已成为往事。

但人们的确需要变革——甚至可能需要更多、更快的变革。无论是像气候变暖这样的生存问题，还是像社会公义这样的道德问题，都要依靠变革来寻找答案。组织需要通过变革来紧跟时代步伐，保持市场竞争力；机构和社群需要通过变革来更新优先事项，掌握最新技能；政府需要通过变革来应对从经济安全到可持续发展的各种挑战。改变的需求存在于各种情形与各个层面，横跨现在与将来。最重要的是，改变的发生应该带来更多的建设而非破坏。

面临的阻碍

创新发明源源不断，百利而无一害，这种 20 世纪 60 年代对于进步的想象当然只存在于童话。人们只看到乐观的一面，却忽略了现实的挑战。然而令人深思的是，改变的发生为何总是事与愿违？为何创新的出现不但没能与人们的日常生活合作无间，反而给社会规范带来破坏？为何商务人士、社会团体和政治领袖会对这些造成意想不到后果的障碍视而不见？为什么人们会将和平、包容及更好的生命体验这类高层次的需求视为遥不可及？

这些深层次的问题绝非一时半会能够解答。研究生们不断提出极具说服力的论点和大量的论据，并由此发展出一套面面俱到的理论，向人们解释为何进步总是不可避免地走向混乱。这种分析的确令人茅塞顿开，与此同时，也有 3 个可疑的因素使积极理想的改变如此难以实现：割裂的世界、棘手的问题和过时的方法。

割裂的世界

伴随着文化和技术转型而来的，往往是充满了混乱与冲突的急剧分裂。印刷、电力、计算机化的出现，为人们带来各种便利的同时，也使人们的生活陷入混乱，并因此遭遇抵制。一部分人能够迅速地察觉并适应这些改变，另一部分人则要么对正在发生的一切浑然不觉，要么积极地表示反对。于是，世界被分割成不同阵营，有人独占鳌头，有人却一无所有；有人忧心忡忡，有人则熟视无睹。

很难想象一个更加割裂的时代。新闻、图书和媒体各种观点"一锅乱炖"，讲述的真相版本各不相同。温和老派的思想领袖已经让位于各路网红，共同的体验日益稀缺。至于组织等级、道德问题和生活方式，人们面临着至少五代成年人在权威性和相关性方面的竞争。新的性别定义竞相等待大众的认同，新的性取向认知则向传统的期望发出挑战。在更基本的层面，一些文化已经进入 21 世纪，而另一些却刚从 10 世纪脱身。男女平等在一些国家已经成为现实，在另一些国家却还将女人视为宠物。在有些公路上，你可以看到特斯拉的身影，而另一些地方的人们却还在骑驴。

这种割裂不可避免地会导致抱团倾向。拥有相似思想或行为的人成群结伴，并尽可能地对那些与他们不同的人视而不见。这种抱团或许有利于压力的缓解，但与此同时，也给问题的解决带来几乎无法逾越的障碍，因为已无法达成共识，世界观的鸿沟深不可跨。

棘手的问题

除此之外，碎片化的世界中，许多问题也无法以直截了当的方式得到解决。人们恰如其分地为这些问题贴上"wicked（棘手）""untamed（难搞）"的标签，或者最近的"VUCA"（volatile、uncertain、complex 和 Ambiguous 的缩写，意指易变的、不确定的、复杂的和暧昧的）。对于传统议题，可以逐个分析背后的原因；复杂的问题则牵扯到许多其他的系统，每个系统都为其增加新的输入和复杂性。通常，这些棘手问题的真正根源要么无人察觉，要么饱受误解，也很难对其因果关系进行认定或建立模型；在找到正确的解决方案之前，往往要经历无数次想象力的考验和不断的更新迭代。

随着科技的发展逐渐渗透生活的方方面面，人与人之间紧密相连，所面临的问题也逐渐变得更加多元和兼具。我们寻求的解决方案不再只是关乎问题本身，还包括其所处环境、相关部分和潜在影响。在这种极端复杂的情况下，"最佳猜测"往往是唯一的可行方案。

悬索桥和摩天大楼虽然曾是令人难以置信的工程创举，但其建筑所涉及的物理规律在当时是相对熟知的。相比之下，人们如今对人工智能的理解尚未完全成熟，就已经将其投入使用；气候变化所带来的挑战也绝非人们现有的科学知识所能应对。

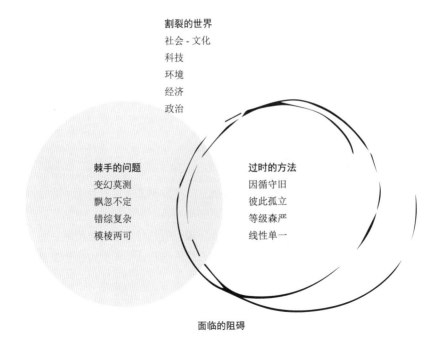

割裂的世界

社会 - 文化

科技

环境

经济

政治

棘手的问题

变幻莫测

飘忽不定

错综复杂

模棱两可

过时的方法

因循守旧

彼此孤立

等级森严

线性单一

面临的阻碍

同理，尽管战胜天花和破解 DNA 需要惊人的智力与毅力，但这些领域的开拓者可以专注于一个目标，大众的接纳度也相对较高。然后再来看最近几年新冠疫苗的研发，专家们面临的本质上是一个非常具体的科学难题：帮助人们抵御致命病毒的袭击。他们以创纪录的速度完成了任务，使用了最新的技术，达成了令人钦佩的合作，然而，问题并未完全得到解决。原有的问题衍生出更多复杂的问题。有些问题可以预测，比如如何触及偏远地区人口，以及如何降低贫困国家的疫苗价格；有些问题则令人猝不及防，比如如何让那些名人相信疫苗不会降低男性的生育能力，以及马膏不是可行的替代品。

如今，这些棘手的问题困扰着每个国家和社群，影响着组织的各个层面。在政府层面，需要考虑到底应该追求民主、社会主义还是威权主义，以及加密货币是否应该成为一切交易的基础；在活动人士层面，需要厘清过去的歧视是否应该得到补偿，以及妇女的权利是否还有协商的空间；在组织层面，需要明确远程工作是否可行，如何处理多样性问题，以及是否应该在政治争议中表明立场。无数这样的问题让倡导改革的人伤透脑筋，它们的根源复杂多维，影响广泛深远，解决方案迂回难寻。任何对策都有利弊，有人支持，也会有人反对。再深思熟虑的解决方案也无法避免意料之外的结果。

过时的方法

重大或者系统性的变革并不仅仅发生在日常生活当中，这可能与一些人的认知有所不同。有时细微的改变就发生在片刻之间，并且毫不费力，只要这种改变的需求足够迫切，机会足够丰盛。不过要想促成更加显著的改变，就需要广泛的付出、大量的资源和超强的领导力。商业领域的变革通常遵循由变革管理专家认可的特定流程或方法，这些专家构建了企业定义和实施任何所需变革的方式。值得一提的是，这些方法往往反映了当时企业最重视的功能或专业。

例如，20 世纪 60 年代，迪士尼乐园发展迅速，然而大多数总裁所认可的变革方式还仿佛停留在中世纪对制造业的强调——变革总是以流水线的方式被精心策划和精准执行。想要修改任何步骤，意味着对当前的状态进行"冻结"、修订，然后再进行"解冻"。领导的角色宛如一名军事指挥官。不管高管们做出什么决策，其他人都只能照做。

20 世纪 80 年代，各大企业纷纷从制造业向服务业转型，于是财务成为企业内部的主导智能。这时，变革被全新定义为"再造"，目的是改善资本配置和增加每股价值。这时，领导的角色转变为战略愿景的缔造者。高级管理人员仍然是公司的主要决策者，但员工们不想落后于人，因此也自愿跟随指挥。

到了 20 世纪 90 年代，互联网从硅谷走向世界，企业和社会对于变革管理的态度又再次发生转变。响应创业文化的特点，企业从车库之中不断涌现，产品在一夜之间生产完成。改革成为创新的同义词，承诺对老态龙钟的企业进行改造，使其跟上科技发展和国际竞争的步伐，成为创新领域的先行者。这时，领导的角色蜕变成富有创造力的反叛者，能够雷厉风行，打破常规，是所有人崇拜的对象。

所有的变革方法都取决于公司通用的工具和心理模型，以及当时它们主要的业务功能。每一项新提案都发展出了不同的哲学和理论，帮助人们做出调整并确保预期的结果。新方法的普及摆脱了公司的限制，并影响到所有的改变举措，包括社区、非营利组织和政府的改变。一段时间内，每个方法都取得了一些成功。但值得注意的是，随着时代、工具和技术的发展，每种方法都开始失去其主导地位和相关性。

正在发生的这些改变，为割裂的世界带来了更多的混乱和冲突，令棘手的问题变得更加难以应对。然而，绝大多数机构和社群仍在以一种互不干扰、自上而下的方式推进变革，浑然不觉在社会、教育和科技方面的各种转变之下，人们的思想已经变得愈发独立，不愿再盲目地听从指令。尽管科技的发展已经让广泛的连接和流畅的沟通成为现实，这些过时的变革方案却依然如此固执死板和墨守成规。尽管同理心和包容性已经成为流行文化和年轻一代的关注焦点，改革者们却仍未意识到一部分人处境的改善可能意味着另一部分人处境的恶化。他们迫不及待地进行实验，将创新变成一场竞赛，比赛中失去什么并不重要，反正最宏伟大胆的举措总能获胜。

人们一方面对变革如饥似渴，另一方面又无法成功将其实现，这让他们对自己在此过程中的角色和任务感到迷茫。在互联网、手机和社交媒体带来的全面赋能和信息过剩之下，许多人缺乏必要的培训来帮助自身有效地利用这些工具。其中一些人努力地在互联网上表达自己的想法和不满，希望他们的思想能够像种子一样四处传播，并找到适宜生存的肥沃土壤。另一些人则选择了放弃。他们将未来拱手相让，并将其归因于神明、科学、历史或运气等不受自己控制的外部力量。他们迷失了自己的定位，唯一可做的只有警告或者批评，然后坐等好运的降临。

如果领导者及其支持团队继续以一种杂乱无章的模式推动变革，仿佛所有事情都可以被当成是一家初创企业，那么改善的空间将极其有限。同样，如果人们认定自己无法改变现状，只能任由事态发展，也不会有任何好处。面对这个充满挑战的割裂世界，现有的变革方法已经基本失效。

展望未来

过渡时代让世界变得四分五裂，而这一切才刚刚开始。互联网的影响尚未被人们完全消化，人工智能、虚拟现实及全新的互联网版本就已经触手可及。与此同时，气候变化、新兴人口需求、国际冲突及基因编辑的"上帝之手"又将源源不断地带来新的挑战。人们既无法改变这一切，也无法选择视而不见，但仍然可以选择变革的执行方案，并且已有初步的证据表示，未来的变革将会如何演进。

创业文化仍然十分盛行，创新也依然属于热门词汇，但大众对于注重权威、自上而下的变革方式已经逐渐祛魅，取而代之的是横向连接的分布式合作。大众崇拜的对象不再只局限于那些腰缠万贯的科技巨头，也包括那些谦卑有礼、以价值为导向并且能够号召集体行动的领导型人才。战略文件被简化成一张海报的篇幅，巨细靡遗的计划方案也被海量的实验所取代。这些发展趋势及一些早期先锋人士的行动，正是未来的创变方向。

厨师何塞·安德烈斯（José Andrés）注意到，糟糕的赈灾响应背后，是大量食物资源没有得到充分利用。一开始，他尝试在现有的等级结构内做出行动，然而他很快意识到，问题的根源往往就在于巩固这些等级结构的规章制度和官僚主义。于是，他创办了世界中央厨房（World Central Kitchen），带领临时组建的厨师和食品供应商团队，迅速将资源集中到需要的地方，彻底摆脱等级制度、战略计划和投资回报的束缚。他一直在此基础上不断改进，从失败和不足中吸取教训。

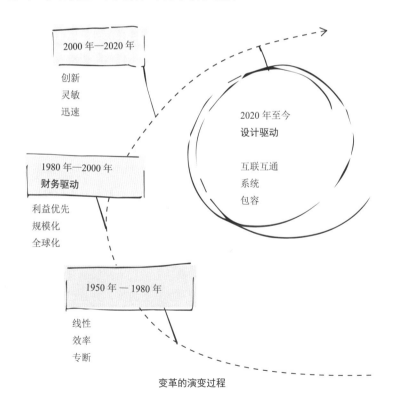

2000 年—2020 年

创新
灵敏
迅速

2020 年至今
设计驱动

互联互通
系统
包容

1980 年—2000 年
财务驱动

利益优先
规模化
全球化

1950 年 — 1980 年

线性
效率
专断

变革的演变过程

"黑命攸关"（Black Lives Matter，一般缩写为"BLM"）运动成功地将一群志同道合同时又高度多元化的活动人士团结起来，他们没有总部、中心规划和官方领袖。他们意识到，尽管过去几十年来承诺不断，然而现状仍然没有丝毫改变，问题就在于无人留意。于是，他们决定利用社交媒体，将拥有相同经验和挫败感的人团结起来，形成强大的联盟，引起大家的关注。他们的集体行动在系统性种族歧视方面所带来的改变远胜于过去一个多世纪以来传统组织所做的努力。

Web3 的发展得益于诸多企业家、工程师和社群领袖的共同努力，塑造着互联网的未来。许多人嘲笑他们天真的幻想，但是他们却逐步建立起了一个分布式的迭代网络综合体，拥有颠覆和洗牌几乎所有一切的潜力。无组织的 Web3 支持者们发现，人们对透明度、分布式所有权和身份验证的需求日益增长。他们对技术发展所带来的问题有着共同的认识，并通过各自不同的角色和方法合力解决这些问题，不断迭代改进。他们正在构建的生态系统还处于初期阶段，但其潜力吸引了这一代最聪明的人才，并获得了大规模的风险投资。

无论是愿景的表达还是切实的执行，这些组织都绝非完美，但他们都以一种了不起的全新方式在创造改变，因此非常值得我们进行深入探究。这些案例向人们展示了一种全新的组织或社群变革路线，既符合时代潮流，又响应了企业变革管理的演进轨迹。这些方案既不会减缓变革的速度，还能够确保高质量的结果。它们通过新建立的社群帮助人们发挥自己的爱好和特长，追求能够鼓励人们深度交流并互相欣赏的变革方法，拥抱能够暴露潜在危害的过程。与此同时，它们还提供了一种更为优化的变革方法，可以帮助人们利用合适的工具和技术，为所有人构建一个更加包容多元的未来。

社会企业家运动先驱组织 Ashoka 创始人比尔·德雷顿（Bill Drayton）早期的洞察，也为这些实时的变革案例提供了进一步的理论支撑。德雷顿的思想精准地捕捉了这些最新案例的价值，以及这种新的变革方式所需要的领导力和过程。德雷顿认为，当今时代的创变者不再以静止的时态来看待问题，而是根据不断演变的复杂环境来寻求适合的解决方案。2006 年，他对创变型领袖所具备的特征作出了如下描述：

> 他们善于总结事物的规律，能够在任何情境下快速地识别问题并找到解决方案，组织流动团队，领导集体行动，在瞬息万变的环境中不断调整和适应。

他将这些人恰如其分地称为"创变者"——面对日益复杂荒谬的世界，仍然能够为创建一个更加理想的未来而做出努力。虽然这是一个新创名词，人们对它的描述却并不陌生，因为它与杰出设计型领袖的思想和行为十分接近，变革的对象可以是图案，也可以是平台或者机构。

设计变革

"设计"一词的含义广泛而又志存高远，既可以作为名词，又可以作为动词；既是一种过程，也是一种结果。它是行动、创造、占有、观察和构思的总和。它既可以是一件物品、一处地方、一个界面，也可以是一种体验。它既可以由企业、家庭、学童来完成，也可以由大自然来完成。

在与变革密切相关的情况下，设计则意味着创造一个与被影响者协同并进的未来状态或条件。

为了能够在这个日新月异的世界继续生存甚至蓬勃发展，越来越多的大型机构选择拥抱这种思维和能力。制造业、金融业和创新精神对企业来说仍然重要，但设计才是当下最受关注的核心竞争力。作为全球最具价值的企业，Apple 在 20 世纪 90 年代就已经开始宣扬设计的价值。当时，它是国际上唯一一家敢于用其业务为这一理念投注的科技公司。然而，当人与人之间通过手机、社交媒体和云技术进行连接后，大家的关注点也开始从单纯的技术特征拓展到用户的实际体验。仅仅让手机和软件顺利运行是远远不够的，还得让它们变得方便、友好和充满魅力，而这便是设计的用武之地。

随着数字连接遍布全球，企业向设计驱动型创新转型的需求也愈发紧迫。IBM 雇佣了数千名设计师来帮助其重塑业务，从而增强市场认可度；Facebook 和 Google 各自招聘了大量的用户体验（UX）和用户界面（UI）设计师；几乎所有的大型咨询公司都会收购一家设计公司来帮助其优化服务；无论在任何国家，所有企业都至少会开设一个设计岗位，哪怕仅仅只是为了表明自己是一家设计驱动型企业。这种趋势正不断造福于每一位设计学子及从其他领域转行过来的人，并且完全没有式微的迹象。

一旦将设计从任务提升至战略层面，视角也就发生了转变。问题转化为机遇，客户或利益相关方也摇身一变，成为寻找可行解决方案的重要贡献者。渲染、对比、假设和试行等实验性流程，可以成功降低风险。迭代提供了改进的机会，失败成为了前进的向导。想象力和理性分析变得同样重要，直觉也不再只是无端的猜测。对设计的战略性使用意味着对业务背景、限制和要求的尊重，并将他们与创造力的抽象和开放相结合。最重要的是，它能够认识到，权威指令更多是一种阻碍而非帮助，最具创新性的解决方案来自多样化的合作，而不是单一的指令。

现代化思维

设计既激发变革，也回应变革。没有人会雇佣一支设计团队来维持现状。设计的作用是要解决问题或者改善现状。优秀的设计师善于在变革中发现亮点。他们总是能够想象一种更加顺畅、简单的沟通和参与模式，或者一种排除隐藏忧患的另类功能。因此，他们能够毫不费力地将变革融入自己的日常生活。所有全新的客户、工具、材料和观点，都蕴藏着积极变革的无限可能。

设计在处理定义模糊、混沌未知和极端复杂的问题方面表现卓越。这也许是因为，设计师所接受的训练让他们无论在任何情况下，都可以将每一个挑战视为可解决的问题，同时开发出一系列的工具、技术和流程，帮助他们发现真理、进行实验和制作原型，从而实现条理清晰的高价值成果。他们努力超越原有的预期和过往的成就，与新的方法和思想相连接。

设计不仅能够拥抱变革，化危为机，同时也是一项集体活动。设计师通常都需要与客户、顾客及同事进行沟通和交流，很少单打独斗。根据任务的不同，他们需要和工程师、作家、供应商、程序员、色彩专家等各个行业的人打交道。另一方面，设计师也会期待和接收其他人对其工作的反馈，并将这些反馈融入自己的创作过程。尽管部分设计师可能更喜欢主导合作或者独自行动，但这已经成为一种历史遗留问题，并将很快成为特例。大多数设计师还是非常乐于当一名贡献者，在与自己专业相关的场合发挥领导作用，在不相关的场合则从善如流。

最后，设计是一项"以人为中心"的活动，这意味着它完全聚焦人类真实的行为、信念和动机。早在人类精神和情感状态的重要性受到神经科学认可的几十年前，设计师们就已经开始访问、调查和观察人类生活的方方面面，以便更好地与他们进行沟通和交流，因为设计只有被人们完全接纳，才能算是真正成功。

鉴于以上特点，设计师的技术和能力完全可以从产品、服务和体验的创造，延伸到在各持己见和充满挑战的时代引领变革。将未来视为设计空间的方法的确切实可行，采用常规的设计流程也是一个不错的选择。尝试备受设计师推崇的工具和技术，可以为我们带来新的视角和更具创意的解决方案。

设计未来并不意味着从工商管理硕士学位（MBA）转向美术硕士学位（MFA），或者从统计学专业转向绘画专业，而是采用一个切实有效的实用框架，鼓励和融入多样化的输入和创造性的产出。它意味着将变革视为一种持续不断的状态，以经过深思熟虑的目标为导向，以造福最受其影响的人群为目标。

阅读本书的理由

作为本书的作者及这趟旅程的向导，我们非常熟悉和尊重设计师和他们的设计能力。20世纪90年代开始，我们各自在硅谷成功地经营了自己的独立设计公司超过25年。我们领导了初创公司、非营利组织、社区服务、政府机构、学术机构和数百家大型企业设计项目的研究、开发和执行工作。我们经常更新自己的业务模式，将重心从图形设计转向体验设计，从实地访问转向 Zoom 会议，从纸质页面转向虚拟现实环境。

每隔十年，我们就会带领团队做出重大变革，为客户提供更好的服务。我们深知变革成本的高昂，因此总是尽最大努力让参与者感到安心。我们曾无数次犯错，也无数次从错误中吸取教训。我们也从许多志同道合者身上获益良多，他们来自不同的公司，在本书的撰写过程中，慷慨地向我们分享了许多宝贵的经验和智慧，其中包括后面章节收录的许多洞察与建议。对此，我们深表感激。

如今，我们已经退出领导者的岗位，带领团队探索无限可能和利用最新技术平台积累经验的任务自有其他贤能人士担纲。而我们的任务是积极地提供支持和指导，分享我们的知识和过去25年的创变经验，希望能够让大家对设计的力量有一个新的认识。

迪士尼乐园般的进步愿景也许太过天真，但愤世嫉俗只会带来更多危害。故步自封只会导致僵化衰落，并最终被时代淘汰。进步之旅自然不会一帆风顺，但我们也无法云淡风轻地袖手旁观，然后任由未来加速失控。未来当然也不可能是我们心中愿景的完美再现，因为有太多无法预见的变数。但在混乱失控与万事顺遂之间，仍有许多中间地带。在停滞的僵化和混乱的疯狂之间找到平衡——这一切似乎并非如此遥不可及。

基于以上原因，还有我们将在后面章节为大家一一道来的其他原因，我们希望接下来的变革将会以设计为导向，而领导这些变革的——无论是在何种层面或者何种环境——都能成为创变型领袖。

我们希望，这些创变者能够以一种设计的视角来看待社群、企业甚至国家的未来，把它们当作一个可以明确定义、刻意钻研和有效解决的机遇空间。我们写这本书的目的，也是希望针对当下充满复杂挑战的环境，描述符合时代要求的变革领袖及变革方式，并鼓励有能力推动变革的人以适合的方式，在适合的地方，凭借适当的支持做出正确的行动。

要点回顾

未来亟需修复

变革快而无序，世界四分五裂。造成这种局面的部分原因是过渡时期普遍存在的混乱和割裂，日益复杂的问题和挑战，以及过时陈旧的变革方法。

新的变革方式正在诞生

要以一种更加包容、更少伤害的方式继续发展，必须改变自上而下的传统变革方式，深刻理解人类自身及其面临的问题，对潜在的风险进行提前预测和快速适应，同时对集体合作给予积极鼓励。

从广义上来说，设计符合变革的需求

设计既激发变革，也回应变革。它在处理定义模糊、混沌未知和极端复杂的问题方面表现卓越，同时大多数时候需要团队的合作。它倡导以人为中心的解决方案，并日益成为诸多公司的首选创新方案。

延伸阅读

《职场变革：培养面向复杂世界的领袖》（Changing on the Job: Developing Leaders for a Complex World），詹妮弗·加维·伯格，斯坦福大学出版社，2011 年。

《复杂性：处于秩序与混乱边缘的新兴科学》（Complexity: The Emerging Science at the Edge of Order and Chaos），M. 米切尔·沃尔德罗普，Simon & Schuster，1992 年。

《如何改变：从现状到未来的科学》（How to Change: The Science of Getting from Where You Are to Where You Want to Be），凯蒂·米尔克曼，Portfolio，2021 年。

《与复杂共处》（Living with Complexity），唐纳德·A. 诺曼，麻省理工学院出版社，2010 年。

《非典型破坏：西方不认识、资源大转移的四个新世界颠覆力量》，理查．道博斯 / 詹姆士．曼宜伽，大写出版，2016 年。

《从"为什么"开始：乔布斯让 Apple 红遍世界的黄金圈法则》，西蒙·斯涅克，海天出版社，2011 年。

《瞬变：让改变轻松起来的 9 个方法》，奇普·希思 / 丹·希思，中信出版社，2014 年。

《设计为何重要：全球创意人士对谈》（Why Design Matters: Conversations with the World's Most Creative People.），黛比·米尔曼，哈珀设计出版社，2022 年。

第二章 成为创变者

想要成为一名创变者，首先要理解变革。"变革"一词，和"设计"一样难以定义。两者都有包罗万象的特点，既可以用于偏好的牙膏品牌等简单事物，也可以用于宗教表达等高深概念；既可以是单打独斗，也可以是团队合作；既可以以他者为主体，也可以作为服务的对象；既可以被引导、诱导、带领，也可以被激励；既可以是更换衬衫等明显的行为，也可以是改变主意等无形的过程；既可以是短期多变的，也可以是长期持久的。尽管定义模糊，且适用范围广泛，但变革总是能够带来新的风险和机遇。

本书所说的"创变"，是指利用设计中常见的思维、框架和技术，驱动某种系统性的转变，使当前的状态朝着更为理想的方向转变。它意味着一种进步，尽管未必按照预期的方式直线前进。它需要某种形式的动机、行动和领导力。它无法以权威的姿态强制实行，也无法脱离广泛的受众基础而持续发生。

接下来，可以寻找成功的创变者身上常见的动机和品质。这些特征非常重要，因为作为一名创变者，需要激励和团结他人，从而实现共同的目标和愿景；需要通过自己的核心定位和理想信念，与志同道合的人形成连接，拓展自己的受众和影响力；需要以目标和价值作为行动的向导，并在不确定的时期提供源源不断的支持；需要拥有极大的勇气来承担风险和克服阻碍。过去所强调的领导技能和个人魅力仍然重要，但仅有这些已经远远不够。

目标

成为创变者的第一步是确定变革的目标。这个目标的范围广泛到超出我们的想象，但还是可以猜测一下有哪些种类。创变者可能是一名：

渴望参与公司决策的雄心勃勃的设计师

渴望在工作中寻找意义感的年轻专家

渴望拥有更大影响力的新秀活动人士

才华横溢、经验丰富、精力充沛但是无处施展的退休人员

"目标"可以具体到个人，也可以是更加普遍的以结果为导向。它可以是帮助某个社群增强凝聚力，或者使资源的分配变得更加公平，也可以是改进组织内不同职能的协调方式，或者帮助日益衰落的小镇和生存艰难的小型企业实现转型。无论具体情况如何，创变者的目标始终是发起并实现积极的系统性变革，哪怕他们当下并未肩负这样的职责。

实力、培训和经验都很重要，但目标是主导因素，是比职位和头衔更具权威和认可度的存在，因为它表明了你的前进方向和现实愿景。目标能够激发人对知识的渴望和接受新事物的意愿。此外，它也是筛选合作伙伴的有效准则——如果大家的目标并不一致，就无法进行合作。

当然，仅有目标是不够的。事实上，创变者如果完全以目标驱动，等待他的也许是混乱和失败。但目标仍然是连接所有其他品质的关键。如果没有目标，创变者就会失去焦点和动力。而勇气和乐观这两个密切相关的品质，可以帮助创变者拥有更强的目标感和更全面的执行力。某种程度上来说，两者都是与生俱来的品质，但仍然可以通过后天的努力进行学习和加强。

勇气

明确的变革目标可以激发行动，但前提是有行动的勇气。提到"勇

气"一词，大家脑海中总会浮现出一个人在艰巨的挑战面前孤军奋战的画面，然而在大多数情况下，这种印象却显得十分过时和偏颇。勇气的证明并非来自单打独斗，也绝不仅仅只是战胜困难。勇气就存在于人们的日常生活之中，尤其是在做出改变之际。

成为创变者意味着让改变成为生活的常态，而不仅仅只是每年或者每隔几个月才会进行的活动。拒绝传统的观点和假设，拥抱崭新的方向，提出变革的需求，与暧昧和矛盾共存，倡导想象力和直觉的功效，对不同的意见保持开放的态度，聆听反对的声音，回答没完没了的提问，面对职责之外的复杂处境——这些都需要有足够的勇气。

许多人也提到了，勇气并不意味着没有恐惧，而是可以在感到害怕的同时，继续前行。它意味着战胜内心的焦虑和担忧，勇敢地走出舒适区；它意味着无惧失败和反对的风险，展现更多的创意；它意味着无惧迂腐的官僚主义和潜伏的阻挠者；它意味着冒着被人嘲笑的风险，捍卫他人眼中不值一提的观点，或呼吁他人无法想象的变革。它让人们可以勇敢地去做自己认为正确的事情，哪怕冒着被解雇的风险。

明确的意图可以引发行动，但只有伴随着勇气行动才能实现。虽然勇气的肖像形象是一位孤独面对难以逾越的挑战的男子，但这种形象已经过时，对于大多数情况来说是不充分的。勇气的考验不是一个人的行为，也不像面对艰难的机会那样简单。勇气是一种日常行为，特别是在进行变革时。

虽然勇气是创变者的一项重要资产，但培养勇气是一项艰巨的任务。在观念层面上表示支持非常容易，但在个人层面，恐惧总是如影随形。

人类是风险感知能力极强的生物，其大脑能够注意到最细微的偏差，并迅速评估其是否有益。正如神经学家丽莎·费尔德曼·巴雷特所说，大脑不断地从过去的经验中总结观念，为接下来发生的事情提供预测。如果你的身体感知与大脑预测一致，那就相安无事；但如果你的身体感知与大脑预测出现了偏差或者发生了改变，大脑的边缘系统就会进入警戒状态。

如果大脑判断这种改变是一种威胁，就会触发战逃反应。

战逃反应的触发既不微妙也不理性。大脑在警觉状态下会消耗氧气和葡萄糖，夺取大脑中负责精确判断部分的资源，因此，你的逻辑思维在你最需要的时候反而大打折扣。毫无疑问，这种本能的反应机制在史前时代对人类大有裨益，能够帮助游牧民族避开食肉动物和敌对部落的袭击，但在当今社会，却往往弊大于利。尽管理性告诉你结果可能是好的，你的神经元却仍然时刻感知可能的危险并快速做出反应。在这场理性与本能的竞争当中，本能往往占据上风。于是，你选择忽略改变可以带来的各种好处，再次回到熟悉的路径当中。

人们无法消灭这种本能的恐惧，但讽刺的是，可以用它来帮助自己建立勇气。可以将恐惧作为切入点，探究其根源并从中受益。恐惧可以促使人们重新审视潜在的风险，从而巩固决策的信心，或者调整努力的方向。在恐惧的驱使下放慢脚步，探索其他选项，有时也许还会为你解锁更多新的机遇。与其将恐惧视为必须纵身一跃的悬崖，或是奋力冲破的围墙，不如将其视为与你一同引领变革的合作伙伴。让恐惧成为你团队里的首位"成员"，帮助你锻炼勇气吧！

乐观

乐观主义能够帮助人们不断重塑可能，为未来的工作提供激励和指引，是勇气和目标的重要支撑。它坚定不移地告诉人们，未来会更美好，让更多人愿意加入变革的队伍。

不幸的是，乐观主义声名狼藉。在大多数人眼里，它意味着肤浅，只会关注事物积极的一面，对其阴暗面却视而不见。虽然有时它会让人们做出一些不专业的行为，例如对困难的低估和对关键障碍的忽视，但是，良性的乐观主义却从不意味着天真无知。相反，它是一种智慧和成功的信念，让人们学会将失败视为一时的挫折，并从中看到调整的可能。只要运用得当，就能够通过它获得一种对未来的掌控感——今天的改变可以决定以后的结果。乐观主义并不忽略现实的阻力，也不否认邪恶或恶意的存在，但它坚定地相信，人类具有做出积极持久变革的无限可能，从而与这些力量积极地抗衡。此外，它还相信，人类总体向善且乐于合作，能够克服所有困难，共创美好未来。

另一位备受尊敬的神经科学家塔利·沙罗特通过研究发现，大多数人（大约 80%）天生带有乐观倾向。有趣的是，当人们感到受威胁或接收太多负面信息时，这种本能反而会大幅度消失。但通过将威胁重塑为一种可以克服的障碍，又可以重拾这种本能。如果人们能够学会将积极结果视为与个人优势相关的永久性胜利，将负面结果视为可以通过不断学习和尝试进行修正的短暂性挫败，这种乐观倾向就会得到持续巩固。

在乐观主义、勇气与目标的共同作用下，会对未来的方向有更加坚定和理性的判断，并对目标的实现有更加积极的信念。至此，读者已经对变革的范畴和动机有了清晰的概念，但除此之外，成为创变者还需要具备一些更加抽象和全面的品质：热爱、树立正确的价值观和诚信。

热爱

热爱是一种情感层面的承诺，它驱动着人们对工作孜孜不倦，对细节一丝不苟，对知识如饥似渴。想要判断自己是否热爱某项目标或者动机，只需要问自己："我真的关心这个吗？"比如，这个世界的确迫切需要更多专业人才来引领气候变暖工作，但如果你对这项议题不感兴趣，那么它就不是你的热情所在。又比如，虽然法律专业已经人满为患，但如果追求法律上的正义是你每天起床的动力，那么你对法律的热爱就足以让你脱颖而出。再比如，你的公司对某项新技术的价值并不看好，但看着它投入使用可以让你感到兴奋，那么你的热情也许会促成它的最终"录用"。

热爱的另一个判断标准，是看你愿意为它做出多大的牺牲。你是否愿意为它接受降薪？你是否愿意为它努力获得相关的学位或证书？你是否愿意以最多的付出获取最少的回报？你为之付出时间、汗水、金钱和自我的意愿越强烈，你的热爱程度就越高，它在匹配上合适的目标、技能及环境时，释放的能量也就越大。

无论面临什么都依然坚持不懈，这种热爱和决心被称为"毅力"。毅力意味着不忘初心，哪怕过程的艰辛几乎让人无法承受。在它的驱使下，你心无旁骛地每天前进一小步，坚信终有一日会水滴石穿。和大多数其他品质一样，毅力尽管一定程度上源自天生，但也可以通过后天的努力而获得。有趣的是，研究表明，毅力和天赋毫不相干。和乐观主义一样，它更多需要的是一种"成长型思维"，相信努力就能获得学习和成长。

"韧性"也是热爱的一大特征，和"毅力"情同手足。它帮助人们从跌倒的地方爬起来。它意味着对冲击或损失的快速吸收，然后以更强大的姿态卷土重来。仔细研究那些著名领导人和

> ## 特里·吉尔比
> ### 埃萨伦研究所首席执行官
>
> 如果你想要在这样一个瞬息万变的环境中肩负起领袖的职责，并且除了成功还有其他追求，你一定会失望而归，尤其是在这样一个充满巨变的时代。这是一项毫无回报的工作。你会发现，你一直在给别人道歉，但从来不会有人给你道歉。你也永远无法在你实行变革的组织中建立友谊。你可以友好待人，但不能真心交友。这是一项残忍、艰难、毫无回报的工作，所有人都等着看你跌倒。
>
> 因此，在真正踏上领导组织性重大变革的道路之前，你必须非常确定自己愿意不计代价地全情投入。你可能会失眠和消瘦，可能会失去一些朋友、同事和尊重，但与此同时，你也会有新的收获。到最后，成功还是失败，你是自己唯一的裁判。所以，你最好还拥有强大的内在控制点。

创变者的人生轨迹，就会发现，他们也曾饱尝失败的滋味。

史蒂夫·乔布斯曾被苹果公司开除；巴拉克·奥巴马第一次国会竞选以失败告终；奥运会运动员和职业运动队输掉的比赛往往比赢的更多；科学家成功和失败的比例甚至可能不到千分之一。这些人成功的原因并不是他们没有或者很少经历失败，而是他们百折不挠的精神。面对挫折，他

们总是选择起身再来。背后的原因往往就是因为他们的满腔热血。正如
Mexicue 的创始人兼首席执行官托马斯·凯利所说：

> 真心热爱自己所做的一切，反而会让事情变得容易很多。最
> 开始，我有一个对创业充满热情的合伙人，但他对食物的热爱远
> 不如我。久而久之，这成了一个问题。因为餐饮并非成功捷径，
> 而是一条漫漫长路，需要发自内心的热爱。经过几年的煎熬，这
> 位合伙人最终选择离开；而我不仅不感到难熬，反而还乐在其
> 中。这一切，只因我对餐饮和酒店行业的无限热爱。

托马斯所描述的这种发自内心的热爱，正是我们获得毅力和韧性的源
泉，也是连接志同道合者的纽带。它是一项非常重要的优势，因为变革是
一项集体活动。要想获得成功，一个拥有共同意愿的联盟是不可或缺的第
一步。下一步，是要和他们建立联系并持续获得他们的支持，共同的价值
观和显而易见的诚信将助我们一臂之力。

价值观

价值观不仅能够激励和引导具体的行为，也激励和塑造热爱。它决定
了人们在各种话题上的立场，也影响他们对这些话题的反应。它可以帮助
解释人们为何采取某种特定的行事方式，吸引志同道合者提供支持，指引
团队的决策方向。价值观是一种非常主观的东西，因此也不存在具体的
"创变者价值观"清单，但的确有些价值在创变者必须采取的行动中起到
了辅助和增强的作用。例如，诚信、透明和可靠有助于建立联盟和巩固
支持；公平和包容有助于支持多样化的声音和不同的意见；开放则有助
于拓展创意。

意识到自己的价值观及其相对重要性，就像了解自己的长处和短处一
样重要。但要获得信任，价值观需要通过行动来证明。它需要通过实际的
应用，被你不断地确认和巩固。这可能意味着对跨越个人界限的请求说
"不"，无论后果如何。这可能意味着表达个人的反对意见，哪怕自己是

少数派。它可能包括定义和执行可接受的工作量、示范首选的反馈和沟通形式，以及承认错误。

价值观不明显或变化太大，就会造成冲突和不信任。虽然价值观灵活多变，往往取决于具体的环境与权衡，但价值观保持不变能够为他人带来稳定性。让其他人了解你的价值观并看到你的坚持，能够增强他们内心的安全感。在不确定的情况下，坚定的承诺能够使他们感到放心。这种稳定性也许无法让冲突结束，但它可以使冲突变得更加合理和富有成效。

诚信

诚信意味着按照自己的价值观生活。它意味着采取与你的价值观一致的立场和行动，或者调整这些价值观以便与你的行动保持一致。价值观也应该随着你的学习和成长而发展。但无论它们怎样发展，都必须与你的行为保持一致，这样人们才会觉得它是可靠和稳定的。正如 Studio O 的创始人丽兹·奥格布所说：

> 我明确地告诉所有人，如果有一天该倡议不再体现我们的价值观，我会选择离开……我想学校肯定不是这样教的。整个系统的默认设置是，离开就意味着认输；这件事如果没有成功，你就一败涂地。但有些事情注定不会发生，有些事情本来就不合拍。有些改变，只有在适当的条件下才会发生。

如果你领导的是一场系统性的变革，你就无法用"公事公办"或"惯例如此"这类说辞来为你个人并不赞同的决策开脱。你也许会觉得，这简直是新时代女性主义的一派胡言。对此，我们有必要特别说明，并不是说创变者必须遵循某些特定的价值观或表现某种程度的善良，但价值观是创变者个人魅力和影响力的重要组成部分，而遵循这些价值观对创变者来说有时并不简单，因此更加不容忽视。

大多数由创变者引领的变革都或多或少依赖于价值观。例如，你想要对新闻业进行改革，使其不再依赖广告，这可能恰好符合你个人的价值观。然而，研究表明，对于受众广泛而多元的新闻业来说，广告是最有效也最民主的方式。如果你依此论据，决定转而支持广告，你的价值观就必须进行调整，使其与该决定相融洽。否则，你的价值观就不再具有可信度。你也可以坚持原来的价值观，无视调查的结果。两种选择都有道理，既是你对自己价值观的再次确认，也是你诚信的证明。

目标、热爱、勇气、乐观、价值观和诚信，这些都是应对系统性变革挑战的必备品质。培养它们的过程和锻炼肌肉与灵活性一样，无法在一天、一个星期甚至一个月的时间内一蹴而就，但反复的练习一定会带来持续的进步，从而提高你在开放的环境中创造和引领变革的能力。

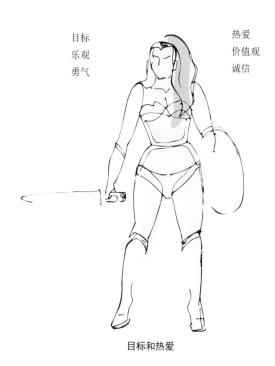

目标和热爱

要点回顾

确定你的目标和热爱

目标是定义明确的意图或方向。热爱是一种情感上的承诺，在它的驱使下，人们对工作孜孜不倦、对细节一丝不苟、对知识如饥似渴，并不断寻找更多的信息和机会，进行更多的探索。这两者都是成为创变者的重要品质。

凭借勇气和乐观克服困难

创变者必须让改变成为生活的常态，而不仅仅只是每年或者每隔几个月才会进行的活动。乐观主义能够帮助人们不断重塑可能，为未来的工作提供激励和指引。

明确的价值观和明显的诚信

价值观可以决定你在话题中的立场、指导你的行为、吸引志同道合者的加入并影响集体决策的方向，是个人诚信的加分或扣分选项。

延伸阅读

《解放的心灵：如何将生活的轴心转向真正重要的事》（A Liberated Mind: How to Pivot Toward What Matters），史蒂芬·C. 海耶斯，Avery，2019 年。

《变革正道》，约翰·P. 科特，中国广播影视出版社，2023 年。

英文播客《创变者》（Change Makers），官网链接：changemakers. works。

《弹性：在极速变化的世界中灵活思考》，列纳德·蒙洛迪诺，中信出版集团，2019 年。

《坚毅：释放激情与坚持的力量》，安杰拉·达克沃思，中信出版社，2017 年。

《情绪》，莉莎·费德曼·巴瑞特，中信出版社，2019 年。

《韧性的艺术：如何塑造坚毅的身心》（The Art of Resilience: Strategies for an Unbreakable Mind and Body），罗斯·艾德利，哈珀柯林斯出版集团，2020 年。

《乐观的偏见：激发理性乐观的潜在力量》（The Optimism Bias: A Tour of the Irrationally Positive Brain），塔利·沙罗特，Vintage，2012 年。

第三章　寻找契合点

除了目标和热情，合适的机遇也不可或缺。创变者如果找到适合他们解决的问题，他们的长处就有了施展之地，他们的权威和口碑也会得到巩固和建立。换而言之，他们的影响力会被放大。正如创业者都需要找到市场匹配，创变者的成功也与他们和变革对象之间的契合度直接相关。

市场匹配意味着产品与现有需求的完美契合。它能显著增加成功的几率，因此有增长"圣杯"的美誉。同样，当创变者的能力和变革的需求之间完美契合，变革成功的几率也会倍增。但找到这样的契合点并非易事。等待创变者解决的问题和挑战多不胜数，战胜这些挑战需要的不仅是目标和热情，还要有相关的能力和经验，以及鼓励变革的环境与文化。首先，在职培训就并非明智之举。

遗憾的是，那些拥有引领有效变革必备技能的人，却常常面临怀才不遇的处境。提出变革的需求容易，促成变革的发生却并不简单。创变者的技能与问题或环境错配的例子比比皆是。他们因为充满创意而受到聘用，却被传统银行雇主批评太过创新；他们因为新颖的教学方法而备受嘉奖，被拒绝的理由竟是违背社区的传统准则；他们因为与众不同的观点而广为人知，却也因为提出的观点鲜有人知而被忽略冷落。

即便创变者的能力和意图与变革的组织或机会互相匹配，变革仍然是一项艰巨的任务，但至少不再那么不可逾越。它仍然复杂而又棘手，但至少可以不用再花费那么多的时间去反复争取大家的注意或支持；每次转变或失误之后，重新建立认可度的需求也可以不用那么紧迫；被新领导解雇和被心情不好的经理否决的可能性也变小了。阻碍仍然存在，但面临的挑战不再是因环境或人而起，而是与问题切实相关。要找到这种匹配，需要毫无保留地如实评估创变者的能力、这些能力的重要程度，以及组织或文化对变革的开放程度。

匹配的问题

尽管创变者通常技能广泛，能够应对各种挑战，但最理想的情况还是他们的技能、经验能够和面临的问题高度匹配。出色的管理者并不一定就是优秀的社群建设者。同样，为儿童癌症筹款数百万美元并不意味着你能适应企业家的日常生活。尽管我们经常劝人"演久成真"，但对于创变者来说，这却并非一项明智之举，因为它会让你的可信度大打折扣。更好的做法应该是找到与现有技能高度匹配的问题，完全不用弄虚作假。

确定你能为组织带来哪些优势和能力，是找到这种匹配的基本要素。如实而明确地定义这些技能和经验，能够帮助其他人理解创变者能够为组织提供哪些专长，以及这些专长的最佳应用方式，从而建立相互连接和依存的关系。

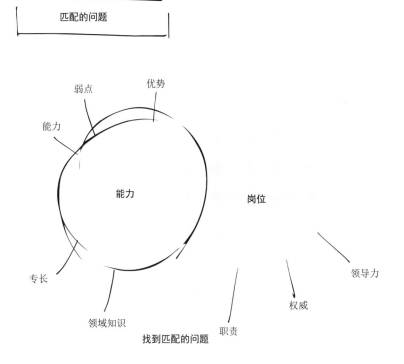

能力

变革是一项高风险的任务。再满腔热血、大胆进取的雄心，也无法弥补能力和经验的不足。再杰出的天赋，也只有通过不断地练习、实践和试炼，才能成为真正的优势。没有持续不断的事实去证明，你再足智多谋和理性务实，也只是口说无凭。你必须拥有值得他人充分信赖的能力。

优势的增强有赖于相关的领域知识和在特定学科或行业中积累的智慧，其间往往会经历无数次的失败和成功。拥有领域知识意味着以广泛而深入的方式理解变革的商业背景，已退休的 IBM 设计主管菲尔·吉尔伯特曾说：

> 无论采取什么样的设计、设计思维、产品简化和组合简化，我必须对这项业务及其影响有深入的理解。这是一门生意，如果你的银行客户 X、Y 或 Z 正在筹备一笔 5 亿美元的基础设施交易，为了省 1200 万美元的开发成本而惹恼他们，绝对不是一个明智的选择。

拥有领域知识的创变者能够以近乎本能的方式采取行动，因为他们能够看出问题的要素和模式，以及这个问题重要性。在某些情况下，这种能力可以普遍适用。例如，如果你在金融市场的经验告诉你，人们在受到惊吓时会做出非理性的行为，那么这种知识在更普遍的应用中可能同样有效。但在很多情况下，领域知识是一种难以迁移的特定认知。

回顾你的优势和弱点，是判断你的能力和领域知识是否与变革机会相匹配的第一步。无论你是什么职业，处于人生的哪个阶段，每个人都会有自己的优势。刚毕业的高中生可以做研究；全职父母也可以管理秩序混乱的集体，为充满困惑的青少年提供咨询；退休的管理人员仍然可以制定策略、管理项目和指导同事。这些优势全都来自经验的积累，包括各种技能、天赋、习惯、情感特征和应对行为。

同样，每个人也都有自己的弱点，它们和优势一样重要。尽管大家通常将它们视为贬义词，但弱点并不一定代表个人的缺陷或不足。它们和优势一样，定义了你是谁，以及与他人有何不同。很多时候，它们只是优势的另一面。过度的专注可能会让你忽视一些情绪上的暗示；轻车驾熟的演讲能力背后也许是相对弱势的分析能力。

值得注意的是，优势和弱势并没有绝对的评分标准，无法以 1～10 的分值进行衡量。它们的价值建立在比较的基础上。要获得绝对的优势，你的能力必须超过同团队或社群里的其他人。就算你是一名优秀的分析师，只要有人经验比你丰富，技术比你更好，你在这个领域的优势就会相对贬值。

了解自己的优势和弱点，以及如何将他们应用于变革之中，可以让你专注于做自己最擅长的事情，从而成为最好的自己。意识到自己的优势和弱点，并与他人分享，可以巩固连接与信任，并帮助你找到可以填补这些差距的最佳搭档。

逐步跃升

将自己的能力与合适的机会相匹配，能够大大增强一个人的自信，尤其是当你被分配到合适的岗位上时。岗位意味着一系列的职责和一定程度的权威。若能力高于岗位，你会很快感到无聊和散漫；若岗位高于能力，就会带来焦虑和压力。无论哪种情况，都无法使创变者安心地进行领导或有效地作出贡献。寻找合适的岗位是一个不断试错的过程，正如设计总监戴夫·霍弗所说：

> 作为一名年轻的设计师，你充分了解自己的工具和技术，能够完整地描述自己设计的东西。随着水平的提升，你开始考虑用户的需求，这是创造有意义的产品所必需的情感和共鸣。下一步的跃升，是将设计的智慧转化为成功的商业运作方式。

这个观点很有意思，它告诉我们应该从何处着手，以及如何领导，尽管主语是设计师，但对创变者也同样适用。在职业生涯的早期阶段，创变者可以领导一些和自己专业知识高度相关的项目。比如，作为一名很有才华的工程师，你可能想学以致用，加入一个负责内部流程改革的团队。对于自己能做和不能做的事情，设立明确的界限和期望，这样可以让付出的过程相对理性和皆大欢喜。

积累了丰富的经验后，创变者就可以开始综合利用多种技能和多样化的输入来进行领导。这既是项目管理的本质，也可以帮助培养和训练融合观点、能力和个人魅力的能力。如果你有解释研究结果、调节决策和做演示的经验，你可能已经准备好领导一个具有互补技能的小型职能团队。

当创变者的专长和知识扩展到对组织或社群运作方式的全面认知，他们就已经准备好担任更具战略性的领导角色。这类岗位需要对权衡、未来目标和利益相关方政治有复杂的认识，并且对概率高度依赖，需要领导者敢于冒险和失败，只有经验极其丰富的人才能胜任。

适合的环境

有些学生能力十分出色，但在变革的道路上却屡屡受挫，他们经常问我们，"如何在组织高层反对的情况下推动变革？"对此，我们的答案也许很难令人满意，"你可能没法推动。" 无论你有多么能干，试图在抗拒改变的结构或文化中推动变革，简直就是逆水行舟。你也许可以努力坚持一阵子，但是为什么要这样做呢？这种进展很可能不会持久，一旦你停止努力，一切都会恢复原样。

遗憾的是，大多数组织对变革的默认反应都是抵制，哪怕他们明知变革势在必行，也提出了变革的要求。背后的原因和所有人一样——害怕威胁和损失。他们抵制变革，因为尝试新事物比维持现状更具风险。现状也许问题很多，但是可以让人感到稳定和熟悉。因此尽管明知不可持续，许多人还是愿意维持现状，并认为这种方式传统、经典、不容有变。他们可能觉得，自己一直在这种价值和观点的浸淫下过得很好，为什么还要冒险求变呢？

对预期变革的抵制可能由于担心改变组织文化或环境而产生的意想不到的后果——倡导的变革可能无法按需求或设想的方式进行；解决方案可能带来更严重的新问题；品牌形象可能会受损；客户可能会生气；员工可能会离职；合作关系可能会终止。也有可能源于对变革益处的不同看法——新技术对一些人来说可能是必要的支持，对另一些人来说可能是压力山大的再次培训；一些人眼中的改进流程，在另一些人眼中也许是不必要的麻烦；部分人权力的获得也许意味着其他人的权力被剥夺。

变革友好的结构

与抗拒变革的组织或环境斗智斗勇相比，寻找对这种前景或多或少持有开放态度的企业是更明智的选择。所有的环境、社群和组织都有其独一无二的特征，也都有自己的传统和风格，这些传统和风格决定了他们变革的速度和性质。其中，部分惯例和特征与变革接纳度之间有较强的相关性。

历史上的变革：过往的变革案例是可靠的特征之一。在过去的十年里，该组织或领域是否有明显的发展？如果有，他们推动的变革是否显著？比起扩展新的收入来源和制定新的政策，标识或者广告营销方面的改变似乎微不足道，但至少表明该组织愿意倾听不同的意见。

基于数据的决策：基于事实或数据做出的决定也是一项变革友好的指标。该组织或领域是否定期收集和审视与其惯例和理念相关的信息？他们是否仔细思考自己学到的东西，并以此为依据做出改变？认为其他人的见解能够为自己带来灵感和指导，这也是该组织或环境对变革持开放态度的一种表现。

组织的结构：合适的结构与组织的扁平程度无关，而与组织的凝聚力、灵活性和相互联系程度有关。该组织是结构严密分隔，每个业务单元都自成体系，并与其他业务单元竞争资源和关注度，还是几乎没有结构，决策完全随机，没有人真正知道谁负责什么？理想的结构介于两者之间，具备足够的灵活性、弹性和适应性，以便接受变革，但仍然有控制权。

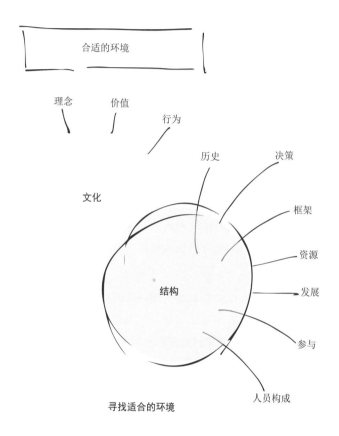

寻找适合的环境

资源：这一点比较棘手和微妙，但十分具有审视价值。该组织或环境从哪里获取灵感和信息？这些资源是否完全来自内部？如果答案是肯定的，那么这一社群很有可能生活在一个封闭的环境中，或者对他们听到的信息实行严密控制。如果这些资源完全来自外部，比如咨询顾问或机构，那么他们可能会缺乏实施变革的知识和人才。理想的状态是两者结合。

增长：这也是一个很难解释的复杂概念。组织或环境的相关性是增长还是下降？它的收入来源是多样化，还是依赖于少数几个大客户或捐助者？增长有时体现的是变革的意愿，但有时也说明领导层对现状感到满意。同样，衰退有时是由于抗拒变革，但有时也会促使公司进行变革，也可能是不愿变革的症状。因此，要看到数字背后的原因。

参与：高度的参与通常是一种积极的现象，但如果领导层管理过度，变革的空间就会受到挤压。该组织的领导层和员工或志愿者是否齐心？是否互相信任和尊重？高层的参与应该成为一种赋权而非限制。

人员构成：相比年长者和大型组织，年轻人和小型组织通常更加开放。具有多元人口的组织往往比单一文化的组织更加开放。仔细观察组织的构成，可以对他们在这些方面所处的位置有所了解。人员构成多样化的组织通常比单一文化的组织更开放。仔细观察一个组织的人员构成，可以了解他们在这些光谱中的位置。

这些忠告无意限制任何探索。人们喜欢尝试各种不同的领域，尤其是在年轻的时候，从而找到适合自己的方向，但聪明的创变者总是会去寻找最具变革潜力的土壤，因为抗拒变革的环境只会增加实施重要变革的难度，而开放的环境则会促进变革的发生，正如 Mexicue 创始人兼首席执行官托马斯·凯利所言：

> 随着时间的推移，我意识到公司对变革持开放态度的好处，并开始积极地将其作为我们组织的重要事项之一不断提起。我们开始在讨论中将它视为组织文化的一部分。这是我们业务模式的战略优势之一：我们愿意对我们的店铺、模式和店内设计进行改革，也愿意进入各种规模的店铺和各种类型的现有餐厅。和我们以前的东西不一样也没关系。我开始看到在各个方面拥抱变革的优势。变革现在已经成为我们品牌的关键核心。

文化柔性

文化是进一步定义社群或组织变革接纳度的因素。它是一种通过信念、价值观和行为体现出来的无形资产。文化并不需要刻意创造或培养，而是在人们的日常交流和互动、面对新环境的反应，以及对别人的期待中自然浮现。对于文化的判断，最明显的标准是奖励，无论是白纸黑字写出来的，还是约定俗成未能明说的。如果一家企业总是对墨守成规者予以奖励，那么它再怎么标榜自己鼓励变革都难以让人信服；如果一个组织口口声声说自己鼓励聪明的失败，却总是对失败者施以惩戒，那么它的惩戒自然比它的宣传更为可信。

无论是公司层面还是广义层面，文化都是变革倡议的重要背景。它有时是救生圈，在遭遇挫折时帮助项目继续开展；有时却是铅块，使项目还未启动便已失败。对于变革来说，理想的文化环境对自己的相关性和角色有清晰的认知。它不会将变革视为一种需要马上进行抵制的威胁，而是一次用来审视和考验自身原则和既有关系的机会。它为进步和完善创造可能，若变革失败，仍不失为对既有价值的肯定。良性的文化应当循循善诱而非故步自封，同时也为异见和质疑留出空间。

如果开放的文化是变革的催化剂，那么僵化的文化则是变革路上的绊脚石。它就像人体内的免疫系统，视一切变革为洪水猛兽。采取这种反应方式的文化通常对其故步自封有一套合理的说辞——它们对潜在修改的抵制是出于对组织历史、传统和惯例的高度尊重；最初制定这些文化准则的创始人或领导者威望太高，股市定期奖励他们利用既有的习惯和常规带来预期的回报；他们肩负凝聚多元化群体的重任，变革会让这种凝聚力受损；又或者，他们身处高度管制的行业，改革的空间极其有限。

有时在一些文化中，人们被反复要求尝试"新的方法"，但却鲜有人从中受益，于是对变革已然兴趣全无。这种情况经常发生，以至于大家将其命名为"变革疲劳"。身处这些文化中的人已经受够了从未兑现的口头支票。他们未必会直接表达自己的反抗；而是像年轻人一样翻个白眼，然后一切如常地继续生活。

尽管部分文化对于变革的抵制情有可原，但也有一些文化纯粹只想维护现状，并未考虑这是不是最好的选择。他们担心变革会让他们不得不重新审视自己的原则或准则，担心为组织带来不愿暴露和面对的新的复杂性。文化改革是一个极其复杂的过程，需要在组织内部的所有层面都达成共识，领导层的支持也是必不可少的。对于一些文化来说，这种变革倡议的风险超出了它们的承受能力。

的确，在适合的环境中找到适合的问题，需要耗费大量的时间和精力，但如果创变者的能力和组织的变革接纳度之间无法有效匹配，所有计划内的变革都将寸步难行。最理想的情况是，找到与创变者的能力和经验相匹配的开放环境和柔性文化。即使情况并不那么理想，成功也不是没有可能，只是需要付出更多的努力和应对更大的压力。

或者，如果创变者希望在结构和文化开放方面都达到理想状态，那么加入一家倡导变革的初创公司可能是最好的选择。处于早期发展阶段的初创公司，每年都要经历几次产品、策略和市场

鲍勃·巴克斯利

资深设计主管

八年的 Apple 工作经历，让我与该企业的文化深深相融。那是一种十分进取、紧张和坦诚的文化。如果你属于那种文化，你就会完全适应。史蒂夫·乔布斯领导下的 Apple，容不下脆弱的自尊心。

后来我去了 Pinterest，他们办公室的墙上总是挂着一句标语："直言难事（Say the hard thing）"。我敢担保，这样的标语绝对不会出现在 Apple 的办公室内，因为它的工作方式本就如此，并不需要特别提醒。

因此，我从这件事中学到的重要一课就是，当你因为过往的履历而受到雇佣，雇佣者看中的往往并非你前公司的所作所为，而是它的价值理念。当我把我在 Apple 的那一套做事方法带到 Pinterest，等待我的只是一场滑铁卢。许多朋友在换工作的期间也有和我类似的经历。

从这份新工作及过去这些年的经验之中，我学会努力思考公司希望通过我表达什么样的价值理念。然后我会思考，如何通过一些符合公司文化的行为来表达这些价值理念。

等元素的更新，是培养创变者能力、经验和领导力的绝佳训练场所。你将直接接受创始人的领导，有时不得不在杂乱无章和资金短缺的情况下工作，但只要坚持几年，你的创变能力就会达到"黑带"水平。

要点回顾

找到契合点

找到真正适合自己的问题，能帮助创变者发挥专长、巩固权威和建立知名度。

选择适合的问题

创变者带领他人踏上的是一趟极具风险之旅。尽管创变者通常技能广泛，能够应对各种挑战，但最理想的情况还是他们的技能、经验能够与面临的问题高度匹配。

找到变革友好的环境

提出变革的需求容易，促成变革的发生却并不简单。比起与抗拒变革的组织或环境斗智斗勇，寻找对这种前景或多或少持有开放态度的企业是更明智的选择。

寻找充满弹性的文化

无论是公司层面还是广义层面，文化都是变革倡议的重要背景。它有时是救生圈，在遭遇挫折时帮助项目继续开展；有时却是铅块，使项目还未启动便已失败。

延伸阅读

《跨文化沟通力：如何突破文化管理的隐形障碍》，艾琳·梅耶，华夏出版社，2022 年。

《人生设计课：如何设计充实且快乐的人生》，比尔·博内特、戴夫·伊万斯，中信出版社，2023 年。

博客"Farnam Street"：fs.blog。

博客"Life Advice That Doesn't Suck"：markmanson.net/archive。

订阅邮件"MakerMind"：nesslabs.com。

大师课：masterclass.com。

《终身成长：重新定义成功的思维模式》，卡罗尔·S. 德韦克，江西人民出版社，2017 年。

《天才区：如何停止负面思考，释放无限创意》（The Genius Zone: The Breakthrough Process to End Negative Thinking and Live in True Creativity），盖伊·亨德里克斯、肖恩·帕特里克·霍普金斯等合著，St. Martin's Essentials，2021 年。

斯坦福继续教育中心：continuingstudies.stanford.edu。

第四章　成功的基础

变革的成本并不简单。合适的位置、匹配的能力和适当的权威可以帮助创变者成功实现变革，但是任何重大的项目都需要坚实的支持基础，而这种支持主要来自 3 个方面：明确的变革指令、实力雄厚同时期望现实可行的赞助者或支持者，以及充足的执行资源。

这三点缺少任何一样都会导致失衡。一个设计良好且支持者众多的变革指令，如果没有足够的资源投入，即使有强大的赞助，也发挥不了它的潜力。同样，如果指令含糊不清，或者赞助商摇摆不定，那么投入再多的资源也是浪费。即使有了充足的预算和明确的指令，但是缺乏强有力的支持，项目也很容易翻车。想要将变革倡议从理论付诸实践，以上三点缺一不可。

这些支持以什么样的形式提供，则取决于变革的类型、规模及具体的环境。如果是比较成熟的大型组织，无论营利还是非营利，获取这种支持的所有形式都将是正式的，并可能需要经过多个阶段的批准流程。如果是一个庞大的项目，可能需要一到两年的时间才能最终确定。如果规模较小并且相对自给自足，例如初创企业或新兴社会运动，正式审批的重要性就会低很多，决策的过程也会相对较快，但相应的支持和资源可能更难获得。

明确的指令

清晰可行的指令是奠定成功的第一要素，它能够帮助人们理解变革为何势在必行。无论是作为假说还是结论，明确的指令可以告诉人们变革的内容、理由、好处、代价及其节省的成本。

与创意简报类似，变革指令为人们提供了变革目标和范围的高度概括。不过，该指令随时可能被推翻。问题的原始假设在整个项目过程中始终保持不变的情况十分少见，更为常见的情况是，随着团队对组织、流程、背景和利益相关方的了解加深，问题的定义随时可能发生改变。因此，指令并非一个静止的定义，而是努力尝试去识别问题的所在，以及必须解决的原因。它是一套随时可能进行修订的初步理论和假设。

这些指令有时在变革之初就已经有清晰的定义，有时则需要在过程中制定和不断地被完善。一般来说，以下 5 个问题可以为我们提供足够的信息。

哪些地方需要变革？明确需要变革的地方可以为变革划定界限，并厘清变革的内容。这个问题的答案可以十分简洁。对于组织，答案可以是"优化创新实践"或者"销售流程现代化"；对于政治行动委员会，答案可以是"改进我们的筹款方式"或者"改善我们与支持者之间的沟通"；对于初创企业，答案可以是"更新社群成员的会面和互动方式"或者"简化我们的入职流程"。这些描述并不冗长，但都足够精准地指出了需要变革的内容。

现在为什么需要变革？厘清变革势在必行的原因，有助于公司确立解决该问题的紧迫性，并了解自己在该问题上所耗费的思考和时间。如果一家初创企业急于更新其社群成员会面和互动方式，想要在筹集投资资金截止之前展示自己的进展，那么他们面临的问题可能只是一种压力反应，而非真实的困境。反之，如果确实有研究显示，社群成员的流失是互动问题引起的，那么这的确是一个关键的问题，值得立即关注。

变革的需求是在什么情况下产生的？厘清变革的需求诞生于何种情境，同样有助于我们对变革的紧迫性有更全面的了解。它可以帮助我们了解公司面临哪些威胁，或者变革成功可能会带来哪些好处。比如，政治行动委员会想要改进筹款方式，到底是因为增长的速度太快，还是承担了新的使命？组织想要优化创新实践，到底是因为新员工需要异步（非同步）支持，还是既有的方法无法实现令人满意的结果。

哪些地方需要变革？

现在为什么需要变革？

变革的需求是在什么
情况下产生的？

变革的阻力来自何处？

不变革会有什么样的
代价和后果？

明确的指令

变革的阻力来自何处？对变革潜在阻力的推测尤其有价值，尽管只是推测，但它仍然能够为我们提供一幅"扫雷地图"。阻力有时来自内部——政治行动委员会想要改善和支持者之间的沟通方式，但负责沟通的员工也许不愿加重自己的工作负担，从而拒绝作出改变。阻力有时也来自外部——组织想要推动销售流程现代化，然而客户也许更倾向于维持现状。这些反对者通常具有一定的权力阻碍或者阻止变革的发生。尽早确定阻力的来源，可以为自己争取更多的时间来消除他们的顾虑。

不变革会有什么样的代价和后果？该问题有助于确定变革的规模和时机。如果不变革的代价是 1000 万美元，那么 100 万美元的预算似乎显得过于廉价。如果放弃变革的成本相对较低，那么预算也可以相应降低。比如，如果一家初创企业放弃简化入职流程的后果是员工可能刚开始工作效率较低，那么这个成本虽然高昂，但却很难具体用价值去衡量。

可以借助这些问题的最终答案，形成对相关问题或机遇的高度概述，从而指导和筛选初步行动。正如创业者的电梯演讲，这些概述应当简洁明了，突出变革机遇的关键要素，略去具体细节。然而，如果缺乏强有力的赞助者（或者与之类似的非商业支持者），再有吸引力的指令也不值一提。

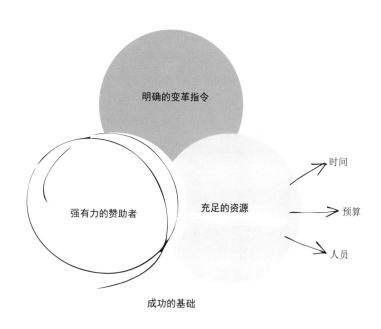

成功的基础

强有力的赞助者

有权力、有影响力和有能力获取资源的支持者，对任何重大变革倡议来说都不可或缺。在较大的组织中，该角色可能是一位高级执行官，能够授权和资助项目，并争取其他人的支持和参与；在初创公司中，该角色可能是一位能够提供更多资金的投资者；在非营利组织或社群团体中，该角色可能是一位愿意提供资助的重要捐助者。

确定赞助者或支持者的第一个问题是："谁在要求变革？"问题的答案将会指向愿意为该企业及变革参与者提供支持的人。如果创变者回答："我不需要支持者，因为这是属于草根的愿景。"其野心固然令人钦佩，但这又是一个逆水行舟的例子。赞助者的加入有助于提高利益相关者的积极性，同时降低变革的风险。它可以在低迷时期维持变革工作的持续进行，并保护其免受批评者的影响。它提供资源，并赋予时间线、决策和请求以权重。正如 Expedia 设计实践管理副总裁道格·鲍威尔在谈及其 IBM 工作经历时所说：

> 变革任务的推进，离不开高层的支持。我在 IBM 任职期间，我的上司菲尔·吉尔伯特因为隶属核心技术咨询团队，因此可以间接向首席执行官进行汇报。于是，他可以有机会对首席执行官说："吉妮，这是我们目前的情况。我们在这些领域取得了成功，这些领域还不太顺利。"她乐于聆听，而我们也得以有效地利用这种机会。业务部门及其负责人也知道菲尔有间接回报的权力，所以如果菲尔打电话或者发邮件问："嘿，你们的 NPS 得分不太理想，到底怎么回事？"他们也会马上进行回应。在我看来，这种机会和支持的重要性，怎么强调都不过分。

赞助者的意见对变革倡议具有极大的影响力，因此，单一赞助者有时也会成为项目的弱点。一旦赞助者选择离开，对项目的支持也会随之而去。更好的选择是有三四个愿意提供支持的赞助者，这样做可能会减缓决策的过程，因为他们就像董事会作决策一样，需要大量时间进行辩论，但反过来看，也为项目带来更多的保障。这样项目就不会因为任何一个人的离开而宣告失败。

有时，赞助者本人也是一名变革者，以创始人或高级执行官的身份发起变革。在这种情况下，他们虽然有自行资助的能力或者分配资金的权力，但仍然需要其他支持者或可靠顾问的反馈和建议。他们需要同行提供不同的观点和见解，并对他们的假设提出质疑。他们也需要其他领导者的尊重和支持，以证明他们的想法并非纸上谈兵或独断专行。

切合实际的期望

无论是变革指令还是赞助者，都应该反映出该变革的切实期望。清晰明确的期望可以确保项目的参数能够得到准确理解，并将成功定义得更易实现和证明。在设计项目中，成功的定义往往并非取决于设计本身，而是它的最终结果。它可以是客户满意度的提高、投诉数量的减少、体验感的改善或者忠诚度的提高，也可以是一个在目标市场反应良好的全新概念、一个可行的功能或者更好的按键。设计项目成功的定义因任务而异，主要取决于其带来的影响，变革倡议也应如此。

在这种情况下，我们要问的问题是："如何判断一个项目是否成功？"理想的答案应该是具体的、可实现的、可衡量的。销量上的相对增长、选民基数的扩大及社群互动的增加，都可以是充分的理由。但最明确的定义应该是具体的指标，比如：销售额增长 5%、可以在未来 5 年内进行扩展的 10 个可行想法或者社群年增长 15%。这种具体程度尽管有时难以定义，但它的确让成功的定义变得更加明了，也有助于厘清成功的方法。如果该项目的高层赞助者或支持者能够拥有如此具体的期望，则足以说明项目经过深思熟虑，并且规模合理。

不理想的答案一般属于以下 3 类：定义模糊或与问题或机遇毫不匹配，规模或需求不切实际，或者缺乏具体的衡量标准。"只可意会不可言传"便是定义模糊的极端案例。"只要进步就是好的"和"我们会变得更有凝聚力"，这两句话相对没有那么极端，但仍足以让人云里雾里。想要更好地回答这一问题，首先应该向大家解释什么样的进步才能被视为"好的"，或者什么样的指标可以证明社群凝聚力的增强。

不过，一开始合理的定义，有时也会因为不合理的规模和期限而逐渐走样。变革并不能解决组织面临的所有问题。它无法让不合格雇员和疲软季度等正常商业波动消失不见。它也不太可能影响整个行业的趋势。再多的内部变革也无法阻止胶片冲洗、光盘电影和连裤袜的消亡。例如，"团结全球设计部门，使彼此合作更加顺畅"就是一项非常清晰具体的成功标准，但如果期望在一年内完成，就变得不切实际。

充足的资源

对成功的切实期望和衡量标准有助于精准估计实现目标的所需资源。这时标榜自己可以用最少的资源实现最大的成功，绝非明智之举。更理性的做法应该是假设项目所需的资金、时间和人力将远超自己的预期。这并不是为规划不周早做打算，只是基于变革倡议的内在属性。在解决复杂问题的过程中，难免会经常遭遇意料之外的发展和全新的挑

莎拉·布鲁克斯

设计策略师、实用未来主义者

奥巴马总统曾制定"总统创新伙伴"计划，旨在联合创新者和联邦领袖，为所有人建设一个更理想的政府。我曾有幸参与 2014—2015 年的计划，在美国退伍军人事务部的创新中心任职——这是一个拥有 40 多万人的复杂组织。在入职的前几周，我学到的重要一课就是：抓住一切获取高层支持的机会来推动变革。

当时，创新中心的负责人安珀·施莱宁有机会与正在制定转型战略的新任部长鲍勃·麦克唐纳德进行会面。安珀想要直接从退伍军人那里获取他们想要和需要的事务部相关数据，因此她对我下达的第一个指令是设计并领导一支 7 人团队，在全国范围内进行研究，与退伍军人交流，并将调研结果呈交给鲍勃。

安珀做事不怕困难，目光长远，是退伍军人们的强大后盾。团队在她的领导下得以免受官僚主义的困扰，心无旁骛地持续成长。安珀是我们的支持者，而高度重视设计方法的鲍勃又是安珀的支持者，于是我们的工作得以持续发展，欣欣向荣。鲍勃在事务部内部成立了一个创变者联盟，通过在组织内部进行纵向和横向的合作，改善服务质量，从而更好地为退伍军人提供支持。凭借着团结一致的目标、对变革紧迫性的认知、面对困难的创造力、来自高层领袖的坚定支持，以及对创新中心退伍军人需求的深刻理解，我们最终成功地实现了变革。

战。充足的资源可以为迎接这些意外做好准备，减少它们的威胁。

如果变革的组织或赞助者只负责提出需求，却无法提供相应的资源，那么这已经是变革缺乏实际支持的明显警告。时间、预算和人力——这 3 种资源中的每一种都不可或缺且相互关联。

时间：变革倡议需要的时间通常比最初预期的多，但有时也会出现为了填补剩余时间而继续扩张的情况。要在二者之间达成平衡，就必须达成一个合理的共识，而非死咬固定的期限不放。这一共识能够反映变革倡议的具体规模和复杂程度。还有多少其他的实体或决策者参与其中？需要经过哪些人的批准？需要进行多少研究？以及需要保证多少人知情？

一般来说，较小的变革倡议可能需要 1 ~ 2 年的时间，较大的项目则可能需要五年甚至更久。在政府和学界等相对传统的环境中，变革的进展会相对缓慢；而在初创企业和社会运动等相对不受束缚的自发环境中，变革的进展则相对较快。时快时慢的情况也相当常见。定期审视变革期限并根据新的情况进行调整，在任何变革过程中都是一种明智之举。

预算：在大多数情况下，变革的成本十分高昂，至少是 6 位数，有时甚至更多。不过目前一切都只是预估，随着项目的推进会有更多的细节和修正。早期评估可以考虑更多战略性因素，例如，直接成本（如人员、差旅和物资费用）与间接成本（如行政费用）之间的比例，以及在整个项目进程中一直维持不变的固定成本与随着项目规模增长而增加的可变成本之间的比例。它可以简要地提出启动成本与运营费用的需求。再复杂一些，还可以考虑机会成本（如资金不投入变革倡议的可能用途）或风险成本（如失败可能带来的额外财务影响）。

忽视成本或希望它们很小，不可避免地会减缓变革过程，并可能使其停滞不前。让赞助商或利益相关者对与变革相关的未预料到的成本感到惊讶，可能会促使他们重新思考整个努力。与大多数尝试一样，估计支出较高比预期更安全。如果最终成本低于预算，没有人会感到失望。

人力：经验丰富的资深创变者通常可以选择自己的团队，但大多数创变者不能。在机构中，变革团队的成员有时来自上级分配，其中也许包括有不向创变者汇报的人员；在非营利性组织或社群组织中，变革团队则可能会有志愿者的参与，他们未必具备相应的资质。

任何有关人员的讨论都应该考虑外部人员和内部员工之间的权衡。外部资源可以为项目引进经验丰富的专业人士，使过程变得更加高效和灵活，并可以获得暂时性优势。不过，他们往往开价不菲，需要花费大量的时间来寻找和筛选，也更难进行引入和管理。内部员工可能对项目具有更高的忠诚度，并对环境、流程和文化更加熟悉，但背后往往附有一些隐藏的成本。对于本已饱和的工作量来说，任何变革倡议都意味着负担的加重。因此，团队成员可能会需要在其他优先事项之间进行权衡或者被迫加班。另外，他们对于相应话题的了解可能不够专业，需要更多的时间对新的工具、技术或话题进行学习。

在大多数情况下，对成功基础的仔细考量都不会白费。明确的指令、实力雄厚且期望合理的赞助者及充足的资源可以为未来的工作打下坚实的基础，但有时尽管考虑缜密，资金充足，变革倡议也难免会遇到问题，例如，意想不到的阻碍、法规的更新、突发的流行病或战争、关键支持者的离职、未知反抗者的出现、期望发生变化或者出现了一个更紧迫的项目消耗资源。所有这些干扰因素都有可能使完美的计划破产，但是一个开放和支持变革的组织、定义明确的问题或机遇、切合实际的期望和充足的资源，能够大大增加项目成功的机会。

要点回顾

确保足够的支持

任何重大的变革倡议都离不开有力的支持。支持的来源一般可以分为3类：明确的变革指令、实力雄厚且期望合理的赞助者或支持者，以及充足的执行资源。

对变革目标有清晰的理解

无论以假设还是结论的形式，变革指令都有助于厘清变革的内容、理由，以及可能的好处和成本。

明确赞助者和变革期望

变革倡议的成功离不开具有一定权力、影响力和资源调度能力的支持者。清晰明确的期望可以确保项目的参数能够得到准确的理解，并将成功定义得更易实现和证明。

确保充足的资源

对成功的切实期望和衡量标准有助于精准估计实现目标的所需资源，尤其是在时间、预算和人员方面。

延伸阅读

《集体错觉：关于从众、共谋以及决策失误的科学》，托德·罗斯，Hachette Go，2022 年。

《被赏识的技术：找到职业赞助人，掌握改写人生机遇的关键》，西尔维娅·安·休利特，天下杂志，2015 年。

《哈佛商业评论》项目管理手册：《如何推动领导和发起成功的项目》，安东尼奥·涅托－罗德里格斯，哈佛商业评论出版社，2021 年。

《从"为什么"开始：乔布斯让 Apple 红遍世界的黄金圈法则》，西蒙·斯涅克，海天出版社，2011 年。

《从新主管到顶尖主管：哈佛商学院教授教你 90 天掌握精准策略、达成关键目标》，迈克尔·D. 沃特金斯，商业周刊，2020 年。

《危机的力量：改变全球轨迹的三大威胁及应对策略》，伊恩·布雷默，Simon & Schuster，2022 年。

第五章　共创变革

变革绝非靠一人之力就可以完成，无论此人多么激情洋溢或者才华横溢。即使是史蒂夫·乔布斯和马丁·路德·金这样家喻户晓的远见卓识者，没有团队的支持和协作，也无法实现他们的目标。有时，人们拥有相同的目标和热情，只是缺少凝聚一切的信心、能力和愿景。通过与这些人建立联盟，邀请他们加入其中，贡献自己的力量，可以有效扩大实现变革的能力。

在疑云密布而答案稀缺的环境下，无论领导一场运动、振兴一个组织还是创办一家企业，创变者都需要吸引和团结一帮愿意一起共事的人。如果变革倡议的意图真诚明确，贡献者的付出也能够得到需要和重视，团队的组建就会变得更加容易。对贡献者来说，具有吸引力的创变者是那些能够建立共同愿景，同时又尊重个体知识和不同见解的人；是那些能够以宏大愿景感染他人，同时又不抗拒做出改变的人；是那些能够灵活转变和接受新方法，同时又不阻碍现有发展的人；是那些即使遭遇不可抗力，也依然能够得到支持的人。

成为这种类型的领导者，需要以一种谦逊而富有感染力的方式影响他人，并且这种影响的基础应当是对集体变革挑战性的现实认识，而非专断独行；需要有发挥优势和弥补弱项的意愿，以及弥合分歧和建立多元联系的耐心；需要健康的人际关系和安全高效的环境，愿意荣辱与共而非独占风光。这种领导风格既可以是与生俱来的，也可以通过后天培养。领导有方，则成功在握；领导失策，则兵荒马乱。

利与弊

共创之所以如此重要，是因为它能带来更好的结果。集体的智慧和创意总是大于个人。这可以说是一个简单的数学题：每个头脑的加入都能带来更多的能力，而多总比少要好。此外，多个头脑的协力合作效率总是高过一盘散沙。这些都是显著的优势。如果每个成员都有自己独特的思考和经验，他们聚合在一起将会发挥更大的作用。

多元化的群组往往能够产出更多具有原创性的想法，探索更多不同的途径，以及解锁更多不同的选项。多元化不仅有助于团队创造力和洞察力的提升，也能显著地减少偏见的现象。多元视角之间的合作能够更加凸显各自的倾向，从而促使更多的讨论和辩论发生。

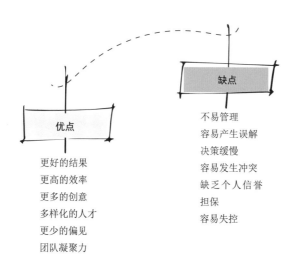

共创的利与弊

当大家都朝着同一个目标前进，这些讨论能够带来更多的清晰度和意义感。诚然，持续的讨论和争论可能会令人喘不过气，然而一旦成员们了解彼此的长处和弱点，信任彼此的意图，就能迅速有效地共同解决分歧。

另外，共创的价值也体现在利用个体的优势来创造共赢的局面。例如，当经验丰富的专业人士和思维活跃的新手携手合作，变革被成功采纳的概率就会大大提升。新手可以为变革提供不受过往经验束缚的创造力和雄心，而经验丰富的专业人士则更懂得如何具体实施和获取支持。

因此，摒弃种族和文化的差异，建立集体的多元性，绝对是一项明智之举。尽管大家在收入或教育水平、职能专长、逻辑或直觉思维方式等方面各有差异，但是凝聚起来将发挥巨大的优势。无论是什么样的性别认同和性别取向、内向者或外向者、狂热的实验主义或坚定的传统主义，都能为项目带来不一样的视角。不同的身高和年龄，体验世界的方式也截然不同。残疾人士和孤独症谱系障碍患者也都有各自独特的生命经验。这些观点都可以为探索和寻找可行的解决方案提供更加广阔和多样化的视野和维度。

个体获益

高维度的连接与合作并不意味着个体沦为集体背后的匿名机器人。参与共创变革不仅能为集体谋福利，也能为个体带来更多优势。成为集体的一员除了能够增强个人的身份认同和重新确认自己的价值观，也能帮助拥有各自独特技能、职责、世界观和生活经验的个体从彼此身上互相学习。这种开阔的视角不仅有助于培养同理心和同情心，也能有效提高一个人为特定观点辩护的能力——并不是要说服他人，只是抱着推动讨论朝着更好方向发展的期望，分享不一样的观点。

学会共创与合作能够有效地减缓竞争带来的压力，同时也使协商过程变得更加顺畅。放下对立的心态，与其他人协同合作，能够为创变者建立可靠的关系和赢得相互尊重。最终的目标是要实现优势互补，实现共同的愿景，认识到无论每个人的想法和行为有多么不同，都可以在变革倡议中贡献自己的力量。斯坦福大学讲师克里斯蒂娜·沃特克：

> 那时我刚开始在雅虎担任管理职位，我和我的团队坐在一起。其中有一位设计师非常讨厌她的产品经理，因为她每隔五分钟就会跑过来问："进展如何？一切顺利吗？有什么需要我帮忙的吗？我能做点什么？"这让她十分抓狂，所以总是对她避而远之。但是后来我们进行了重组，她不得不和她的仇人朝夕相对。大概两周后，她跑过来对我说："天啊，PM（产品经理）也太可怜了——大家整天都冲着她大呼小叫。"她开始同情这位产品经理，于是两人决定结成同盟，一起想办法解决这种自上而下的压力。真正的敌人应该是你的竞争对手而非与你共事的人，意识到这一点能够为你带来巨大的能量。

挑战与困扰

虽然有效的共创能为集体和个人带来各种好处，但要一直长期维持却十分不易。很多时候，真正缺乏的不是良好的意图或充足的才能，而是出色的执行。人们常常对共创的目标充满误解，以为一定要达成某种共识，于是担心自己的努力会得不到认可，又或者要为了迎合他人而做出让步。他们担心万事都要团队的参与，从而拖累项目的进程；担心不可避免的冲突和没完没了的争论；担心岗位和职责的界限会变得模棱两可，或者既定的目标因为股价或者高管奖金结构的波动而改弦易辙。

有时，就算共创团队在心态和能力方面都已经准备就绪，共同努力的任务仍然让人感到十分艰巨。有时变革倡议的领袖过于自私，对他人缺乏同理心，团队成员就会变得消极怠工；有时项目领袖对于地位和权力过于执着，团队成员就会马上有所感应，于是尽量避免对任何决策提出质疑；

有时领导者未能花费足够的时间来厘清任务和职责，成员的分工就会出现重叠、冗余或者分配不均的现象；有时领导者已经尽量做到开放包容，但仍然会在不经意间引入偏见，触发不适和恐惧。

所有这些状况和担忧都会让原本简单的合作变得问题重重。而当我们将共创变革作为目标后，它们就会直接干扰变革成功所需的流畅团队合作。这就像是在说："让我们来设计一种情境，让所有人感到最大的担忧，同时获得最少的满足感。"于是，人们习惯于对创变项目敬而远之，将其视为注定卷入争权夺利旋涡的某种雄伟理想。

创造流动性

只要领导有方，参与者的消极怠工也可以被巧妙地转化为创新和创变的高效引擎。这种领导方式通常建立在伙伴关系的基础之上——大家共同努力并承担责任，而非老套的命令和控制，或是近年流行的纯靠个人魅力和虚张声势。

伙伴关系并不会削弱领导者的作用或影响力。领导者在变革中具有独特和重要的价值，他们能够规划前行的道路，预见并阐述他人目不能及的结果。建立伙伴关系可以扩大利益，减少损害。有时团队成员无法达成共识，此时领导者需要作出艰难的决策。而这些能力只有在领导者完全融入一个有能力、凝聚力和超强适应力的团队时，才能发挥出注入动力、维持支持和实现变革潜力的作用。

无论团队成员是经过精心挑选、被动分配还是自愿加入的，他们的合作能力对变革倡议都会产生非常深远的影响。变革的过程通常要经过多个阶段，因此需要团队成员能够配合在不同的角色、职责和职权之间进行转换；需要能力和创意风格各具特色的队友们能够接受自己在某些阶段比其他人更加胜任。一般来说，信任、尊重和高度的凝聚力总是能够带来积极的影响。能够有效推动团队灵活性和凝聚力的创变者，不仅能细心地发掘成员的长处和短处，更能准确洞察他们的希望与恐惧、价值与期望。

确定优势和风格

创变者不仅需要意识到自身的长处和短处，也必须对团队的优势和短板有深刻的认知。团队成员如果能对彼此的优势和劣势有清晰和准确的认知，就能更好地进行优势互补。

通常情况下，将专业作为评估团队成员的标准，但是共创评估一般更加多维度和高深度。对团队优劣势的诚实评估通常以技能为起点，接着拓展到信念、行为和偏好。他们之间具有怎样的关联？是看到项目的潜能从而得到启发并积极参与，还是唯命是从？他们能否为团队贡献创意或提供挑战、推动团队对项目的假设进行深入思考或对评估的方式进行重新思考？没有这些深入的洞察，团队的关系最多只是勉强维系，很难经受住未来必然的挑战。

创变者可以通过真诚和脆弱的表达——分享自己的顾虑、弱点和挣扎，来鼓励这种层面的诚实与透明。他们可以向团队示范如何在需要时寻求帮助，并且向团队强调，寻求帮助并不意味着示弱，而是对他人价值的一种肯定。比起散播恐慌和不安，这种开诚布公的做法更加有利于团队氛围的营造。

团队优劣势评估的另一维度是如何融合各自不同的合作风格。合作风格是人们在为了同一个目标而奋斗的过程中所采取的行为和态度，一旦随着时间的推移而自然成型，便很难再有改变。如果在搜索引擎内输入这4个字，会得到数不清的结果。我们没有这种万能的搜索算法，但我们曾分别担任数百次共创项目的领导者，与诸多不同的合作者进行共事，以下是一些我们认为的在许多领导者和贡献者身上最为常见的合作风格。

指挥型：指挥型人才喜欢设定目标和引导团队前进的方向，即便他们并非被正式指定的负责人。他们可以在没有太多参与的情况下作出决策，并能够给他人提供明确的指导。他们更倾向于关注执行，最好有详细的计划作为指导。这种专断的作风可能导致他们缺乏灵活性和创造力，一旦过度管理，就有可能导致团队士气低落，动力不足。

创意型：创意型人才喜欢拓展观点和思维。他们乐于冒险，灵活多变，善于倾听不一样的观点。他们通常有相对独特的视觉取向，但是丰沛的感情有时会让他们显得缺乏原则性和纪律性。这类人才如果无法将想法付诸行动，反而会干扰原本的进程。

团队合作型：团队合作型人才倡导和谐与包容，是团队民主的化身。他们为团队创造条件，向新来者解释背景并答疑解惑。他们征求所有人的意见。他们的主要缺点是缺乏时间观念，会因为过度的分析和讨论而耽误时间。

项目经理型：项目经理型人才通常以目标为驱动，而且非常有条理，能够合理规划团队的进度，确保任务按时完成。他们能够敏锐地观察到别人的优点和缺点，确保团队协调合作。但是他们的优点有时也会变成一种缺点，过度执着于进度可能导致在项目内容上投放的时间或关注度不够。他们超人般的纪律和动力有时也会导致其他人变得疲惫不堪。

挑战型：挑战型人才喜欢寻找论点或思想中的漏洞或缺陷。他们充当"魔鬼"的代言人，永远在寻找替代方案和负面影响。他们能够推动更严格的审查，促使团队放慢脚步，增加讨论的时间。在潜在问题和缺陷曝光时，他们这种孜孜不倦的精神就会得到回报，但有时他们的坚持会让人望而却步，让团队耗尽能量甚至破坏信任。

教练型：教练型人才通过经常鼓励、定期感谢和不断激励来帮助他人达到最佳工作状态。他们能够认识到多样化技能的重要性，并保留对他人的评判。他们是人才的积极开发者，但很难将注意力集中在任务本身，这导致他们有时会过度关注实现目标的人，而忽视了目标本身。

团队章程

团队章程能够将成员的能力和风格融合成一个共同的身份，让大家在不同的岗位和职责上保持凝聚力。它通过陈述整体任务和关键目标、定义岗位的职责和关系、凸显共同的价值观、预测可能存在的困难，以此确立团队的意图，帮助成员们顺畅协作。

根据具体情况，这些章程在细节和程度上可能各有差别，但如果能够涵盖以下内容，将有助于团队减少混乱，确认可接受的行为，并明确责任。

整体目标和支线目标：团队的整体目标实际上是由支持者或赞助者背书的变革指令。它可能包括与团队相关的更多细节，或此刻与团队共享的初始目标。

共同的价值观：共同的团队价值观是鼓励互相尊重和同理心的基本原则。它可以指导成员在自己的想法被忽略或者能力被质疑时的反应，而不被人类本性或性格特征牵着鼻子走。这些价值观肯定了多种观点的存在，能够在容易让人感到愤怒或崩溃的场合明确成员之间的互动方式，鼓励大家和而不同，帮助大家理解分歧。这些共同的价值观能够阻止细微的矛盾演变成重大的冲突。

风险、问题或阻碍：明确定义团队可能面临的风险、问题或阻碍，是向成员预警潜在困难的简单方式，使他们不会在困难来临时措手不及或溃不成军。这部分主要包括厘清范围和界限、判断阻力所在、推测可能有哪些市场力量或监管限制会让进程变得复杂等。

章程并不能指导所有的行为或互动类型，但可以指明理想的方向。设计合理且凝聚共识的团队章程能够帮助人们建立一个有益身心和创意发展的工作环境。这种充满鼓励和保护机制的环境不仅可以提高团队的绩效，也能给予他们应有的尊重和认可。正如《更远，更快，更少麻烦》一书的作者珍妮丝·弗雷泽所说：

团队成员

我们的团队包括哪些成员？

他们各自的优势、弱点和角色是什么？

整体目标和支线目标

我们努力的目标是什么？

共同的价值观

我们在共事的过程中，需要倡导哪些共同的
价值？

风险、问题或阻碍

我们在实现目标的过程中可能遇到哪些阻碍？

有什么办法可以减少这些风险？

团队章程

如果我们不能提供一个安全的试错环境，那么那些英勇地为
了尝试新事物而押上所有赌注的人就会渐渐离开或者受到惩罚。
我们必须让尝试这些崭新的思维和行为成为可能。因此，创建安
全的环境的确是一个非常重要的主题。

安全的环境

在一个安全的环境中，其标准通常是合理且可预测的，工作量和职责

分配得当，工作规划易于理解，时间规划易于接受，指导方针并不过分宽容或盲目乐观，而是创造能够促进生产力、参与度和满意度的条件和态度。安全的环境能够鼓励成员自由地给予和接收帮助，明确尽管团队成果将作为所有成员的评估指标，但这些成果也是由个体的贡献聚积而成的。与此同时，这样的环境也会明确定义哪些行为不被支持，如争夺地盘、囤积信息、夺取他人的功劳或打断较为沉默的成员发言等。

安全的环境会鼓励真实并且承认脆弱，没有人会受到攻击或诋毁，不同的声音和观点都会得到尊重和认真考虑，信息更新时可以自由地改变原有观点，所有成员都能得到应有的关注，所有的努力都能得到认可，从而调动团队成员的积极能动性。

这样做不仅仅是为了"让人感觉良好"，安全的环境能够切实地提高创造力，鼓励大家进行实验和明智的冒险。当团队成员确定自己不会因为一点失败就受到惩罚时，他们就能更好地成长和彼此学习。

创建安全环境的另一个好处是，它能够增强成员之间的连接性和灵活性，尤其是在理想行为由领导者亲自示范并巩固的情况下。成功的领导者能够明确：团队的成功取决于团队关系的建立，而团队的运作必须在成员达成共识且完全自愿的条件下进行。正如 Google 消费者用户体验副总裁凯瑟琳·卡里奇所言：

> 有效的合作很大程度上依赖于面对面的交流，以及人与人之间关系和信任的建立。你不能搞突然袭击。尽管有时你可能清楚地知道问题应该怎样解决，以及接下来该做什么，但在专断的情况下，事情永远无法按照你想要的方式进行。请花时间去建立关系，否则，你永远无法成功。

团队关系的发展需要经历时间和困难的考验。有些成员之间的关系可能会比其他人更亲密，但互相的尊重和信任应当成为所有人的共识。不过，团队合作有时会掩盖个人的贡献，将所有人融合成一个无法分割的整体。一位真的在乎成员想法、贡献和福祉的成功领导者，会将他们作为独立的个体给予认可，并传递出一种信任感。经常性地表示感谢、为一些小成就送去祝贺——这些简单的行为可以让团队的成员感受到你的重视和认可。

除此之外，分享权力是更进一步的举措。聪明的共创领袖能够选择恰当的方式和时机，通过授权于人来增进团队关系——也许某位同事的才能与某项任务更加适配，也许他/她能更好地培养团队成员之间的凝聚力。当然，实际执行起来并不容易。当权力让人感到熟悉和舒适时，授权必然会带来不安。但是，这种大胆的尝试能够展示和建立信任，同时也能训练团队成员的领导能力，提升他们对团队的价值。

安全的环境并不意味着责任的消失，相反，它往往意味着更多的责任。领导者如果不对没有履行承诺的人问责，就有可能伤害到那些不得不收拾烂摊子的人；而团队成员如果过分要求他人的关注或重视，就有可能模糊

贾斯汀·马奎尔三世

Salesforce 首席设计官

我生来就喜欢合作。我从来不相信穿着高领毛衣的设计师独自拿着速写本在角落里解决世界问题的英雄神话。为客户提供绝妙的思路和解决方案是我们共同的职责，创意提供者是谁并不重要。

每当我开始和人建立连接，我总是问："你看，我的世界观是这样的，你呢？能带我参观你的大脑，了解你是如何理解客户的吗？"这些问题让人卸下防备，并在各个层面邀请他们加入对话，成为对话的主角。

在很多公司，比如 Salesforce，有大量的总经理、开发负责人、像我这样的设计师、营销人员和销售人员，在他们的世界里，许多人把成功视为零和游戏，将自己的成功建立在别人的失败之上。但我从来不对任何人构成威胁，我的成功就是大家的成功。

变革的目标和方向。如果一开始就阐明期望，责任就是跟进和保持一致的问题——这些行为也有利于成员安全感的提升。

一位充满激情而又目标明确的领导者，可以带领共创团队克服任何困难。一个多元灵活的合作，在清晰章程及安全环境的指引和支持之下，通常都会有平常水平之上的成果。激烈的辩论、分歧、误解和不完美的互动

也许仍将继续存在，但是通过建立互信、鼓励诚实和开放的沟通，以及奖励团结一致的意愿，团队可以自信而敏捷地进行组织性变革——不是自上而下的指令，而是与一群志同道合的创变者共同创造的旅程。

要点回顾

变革需要团队合作

变革绝非靠一己之力就可以完成，它通常需要一群相信自己想法的人，为了实现这一想法而共同努力。邀请志同道合者的加入并与之结盟，能够扩大变革的能力，增加成功的机会。

共创是一项艰巨挑战

共创因其能够产生更好的结果而日益受到重视，但即使团队拥有正确的态度和能力，真实的合作仍然具有挑战性。

当一名陪伴型领袖

只要领导有方，参与者的消极怠工也可以被巧妙地转化为创新和创变的高效引擎。这种领导方式通常建立在伙伴关系的基础之上——大家共同努力并承担责任，而非老套的命令和控制，或是近年流行的纯靠个人魅力和虚张声势。

建立灵活性

团队成员如果能对彼此的优势和劣势有清晰、准确的认知，就能更好地进行优势互补。团队章程能够将成员的能力和风格融合成一个共同的身份，让大家在不同的岗位和职责上保持凝聚力。良好的团队关系和安全的合作环境都可以积极地创造和培养。

延伸阅读

《安全文化：营造鼓励思考、合作和创新的工作环境》，阿拉·温伯格，Spoke & Wheel，2020 年。

《天才团队：如何激发团队创造力》，凯斯·索耶，中国人民大学出版社，2009 年。

《我有弱点，可我并不软弱》，彼得·布雷格曼，人民邮电出版社，2019 年。

《改变那些耍滑头的人：在一群说谎者、喊叫者，以及懒虫中保护好员工的艺术》，托德·惠特克，Solution Tree，2014 年。

《文化编码：大获成功的企业秘诀》，丹尼尔·科伊尔，Bantam，2018 年。

《团队协作的五大障碍》，帕特里克·兰西奥尼，中信出版社，2010 年。

《放手的力量》，马修·巴赞，Optimism Press，2021 年。

第六章　变革地图

　　无论创变者的经验多么丰富，没有地图的指引也会迷路。通常情况下，它是一个协商好的既定流程——为了实现预想的结果，按照既定顺序完成的一系列动作。选择并实施正确的变革流程，可以使进展有条不紊，避免漫无目的或进展不稳定。讽刺的是，一提起既定流程，许多人就会联想到死板的规矩和僵化的界限，认为它会扼杀天马行空的创意，但实际上，制定一个基本的合作流程反而有助于提高团队的创造力和生产力。认真选择一个合适的流程，能够造福每一位项目参与者。

　　正确的操作流程能够无声地推动变革的行动，赋予成员掌控感，同时鼓励大家探索新的想法或实践。明确定义项目的内容、理由及完成顺序，可以将团队的集体智慧转化成无限的创意，而非无止境的后勤。通过确定项目的进度和关键里程碑，这样的流程可以帮助建立一种共同的驱动力和前进感。一个拥有公认规则、框架和工具的完善流程可以使团队的努力保持一致，减少不必要的摩擦。最重要的是，一个设计良好的操作流程能够连接各种活动并显示它们的相互依赖性，从始至终地促进合作。正如dreams · design + life 创始人兼首席创意官凯文·贝修恩在谈到操作流程时所提出的：

　　　　在创意的旅途上，你会遇到各种路标。只有对自己的环境和背景有清醒的认知，才能选择正确的路标和工具。作为一个真正为团队服务，而非满足自身权力或特权的领导者，你是否给予团队成员正确的赋能，帮助他们更好地理解自己的职责及成功的愿景？

　　选择正确的流程对团队来说非常重要，因为这将影响他们的合作模式。流程过于烦琐，就会挫伤成员的热情和创造力；过于结构化、文档化和监管化，就会导致项目进展缓慢，本末倒置；过于笼统，对要求的解读就会变得众说纷纭，从而导致成员使用的工具和方法各不相同；缺乏必要的文档和说明，又会产生各种"权宜之计"；时间过于苛刻，一些步骤就会在没有充分讨论的情况下被省略或大幅缩减。

选择正确的流程

一般来说，团队对流程的接受都很顺畅，很少有团队会在完全没有一点组织和结构的情况下接受挑战。难点在于流程的选择。既有选项多不胜数，新的选项年年冒头。每个行业都至少有 2 ～ 3 种不同的标准流程，大型组织一般都有自行开发或完善的版本。个体在流程的选择上可能有不同的偏好，于是各自推荐自己熟悉的流程。最终的选择很大程度取决于具体的环境、目标和团队，但深入了解自己的可选项总没有坏处。

目前市面上普遍采用的操作流程有以下几种，它们都有各自的优点和缺点。

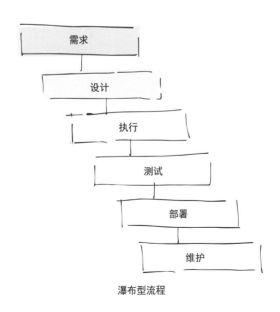

瀑布型流程

瀑布型：瀑布型流程将项目分为线性有序的几个独立阶段，每个阶段分别交由具备相关专长的人完成，然后将该项目"交接"给下一个团队。采用这种流程模型的行业和环境通常无法轻易进行更新迭代，或者其开发主要遵循由构思到部署的单向路径（如建筑业和制造业），又或者涉及太多利益相关者，并且需要一个正式的审批流程。

瀑布型流程的优点在于其进展的可预测性及职责的明确性，然而一旦开始就很难有什么大的变化。同时，一旦某个团队完成超时，就会对整个项目造成干扰或延迟。由于错误成本过于高昂，流程的监督通常也比较严苛。

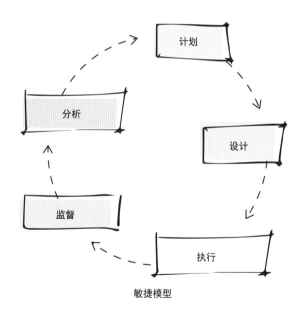

敏捷模型

敏捷型：相较于瀑布型流程，敏捷性流程显得更具合作性与互动性。它提供了一个框架，使跨职能的自组织团队可以同时工作。敏捷模型对于交接和线性进展并没有严格的定义，而是通过推动自适应规划、迭代开发和包括"Scrum"等技术在内的持续改进，来协调团队行动。它最开始只是一种软件开发框架，现在已经被广泛应用于其他行业。

敏捷模型的优点在于其灵活性和适应性。问题的解决几乎可以在流程的任何阶段进行，团队之间的关系也相对独立。然而，恰当的执行并不容易，对于特定仪式和术语的强调也有种宗教般的执迷。敏捷流程一开始也只是应用于软件开发，因此仍然保有一些传统的设计流程（如整体战略思考和前期研究），但它们并不适用于敏捷流程中的"冲刺"（sprint）周期。这些元素的融合需要极高的灵活性和适应性，没有丰富的经验作为指导，很容易陷入兵荒马乱之中。

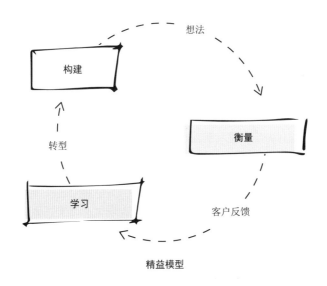

精益模型

精益模型："精益创业"更多是一种理念而非具体的流程，但它拥有许多显著的相关元素。精益模型主要通过迅速判断潜在客户是否看重某项产品、服务或体验的关键特征来缩短开发周期，具体流程包括以假设为导向的实验、迭代式"测试版"的发行和以学习为导向的"转型"。初创企业和小型企业通常采用这种方法来帮助它们快速进入市场，同时避免因为初期的失误而遭受惩罚。

精益模型的优点在于其对用户反馈的重视、快速、低成本和与生俱来的灵活性。但是这种方法并非所有领域都适用（例如，汽车、主题公园或者沉浸式体验的开发就很难采用这种模式），并且如果管理或者执行不当，会造成严重的误导。

设计流程

设计师的工作流程除了上述几种，根据具体的环境和任务还会有其他选项。设计师在受雇于具体组织时，可能会需要采用规定的流程；但在自由选择的情况下，他们也有一些专门服务于设计项目的替代选项。

有的流程倡导自由灵活，先进行漫无目的的探索和头脑风暴，然后将其精简和具化为实际的结果。有的流程则强调迭代式的开发过程和用户的反馈，并很少在反馈之外进行任何探索。这些流程对于单人团队来说十分实用，但很难进行规模化的应用。由于定义宽泛且概念性极强，它们可以根据具体的项目做出调整和重新配置，但是另一方面，由于不够正式和模棱两可，它们并非创造重大变革的可行选项。

相比之下，"双钻模型"是更具结构性的设计流程。这是一种"发散-聚敛"模型，最早由英国设计协会于 2005 年提出，主要包括 4 个阶段：发现、定义、发展和交付。

第一个阶段是"发现"，它提倡广泛而深入地了解客户需要什么、企业可以提供什么，以及市场可以支持什么。这是一个探索性的阶段，但也会受时间、预算和整体目标的限制。

"定义"阶段可以缩小项目的焦点，确定发展的领域或者方向。这是一个精简的阶段，它将对"发现"阶段学习到的东西进行过滤，然后找到一条符合客户需求的可行之路。第三个阶段是"发展"，这一阶段将会生成适合前期阶段锁定领域的解决方案，其中也包括一些迭代，但主要是提供他人可以审阅的概念或者原型。理想情况下，在最后的"交付"阶段，会产生一个能够为初始问题或机会提供解答的完美方案。

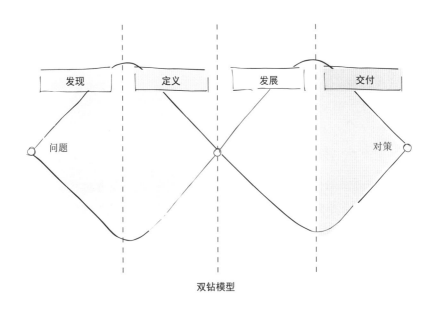

双钻模型

双钻模型是一个十分可靠的设计流程，创造了许多让人耳目一新的产品、服务和体验。它对于客户及利益相关者反馈的重视，为最终市场上的成功提供了坚实的基础；它对于视觉表达和包容性合作的依赖，对创意型的产出起到了促进作用；它对于迭代-实验-错误的认可，为不断地完善和适应提供了鼓励。

和所有流程一样，双钻模型也有其局限性，尤其是在解决复杂问题和面对不配合的利益相关方时。它还是一种不切实际的线性解决方法，除非将其各个阶段视为一种递归。有时，团队可能花费十年的时间广泛思考一个复杂的问题，却始终找不到根本原因。

真正的原因可能要在发展阶段进行迭代时才能发现，或者在解决方案得到交付且问题转化为新的形式时才能完全显现。同样，团队也完全可以让发现和定义同时进行，或者将它们视为一个反馈循环。各个阶段完全可以同时进行。

此外，正如精益模型适用于初创企业，敏捷模型适用于软件开发，双钻模型则适用于创建或重新设计单一解决方案，通常表现为新的产品、服务或体验。创变者可能会同时探索和评估多个解决方案，并且相互之间会产生影响。他们的解决方案最终可能会成为产品、服务和体验，并且融合成为一体。

根据变革进行改良

对于大多数的变革倡议，双钻模型无论在概念还是方向上都十分适用，不过根据我们的经验，要让它更好地发挥作用，还需要就上述局限进行改良。

发现：这一阶段需要在探索和限制之间保持合理的平衡。过多的探索会导致团队浪费时间、金钱和精力在无成果的领域上；而过多的限制则可能导致错过重要的信息或灵感。要实现平衡，就必须保持这一阶段的"开放"状态，允许团队在获得新的信息或选项时折返重来。利益相关者在初始阶段的积极参与也十分重要，他们可以为团队提供重要的资产、经验和告诫，从而提高团队的工作效率。我们所提倡的改良是以精益模型为参考，将利益相关方视为客户，及早而经常地征求他们对想法和实验的看法。

定义：这一阶段需要对期望的结果及实现的方法提出明确的愿景和指导。研究发现，将这一阶段与发现阶段重叠能够实现加乘效应，因为新的发现可以带来新的愿景，反之亦然。此外，这一阶段也会确定优先事项，规划进行实验和原型构建的领域。和发现阶段一样，利益相关方的参与也十分重要。

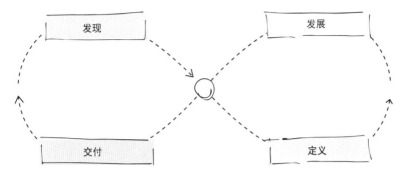

改良后的双钻模型

发展：在变革倡议中，这是一个验证假设、审阅结果和反复尝试直至成功的迭代阶段。它可以与定义阶段进行重叠，从而提供结果方面的反馈。这一阶段还可以借鉴敏捷模型中的元素，尤其是在涉及同时进行实验与开发方面的协调时。

交付：比起单一解决方案，这一阶段的重点更多在于耐心谨慎地将成功的实验规模化，然后进行监督，以确保最后的结果和影响。在变革倡议中，发展阶段几乎总是会在这一阶段返场，因为总是会有新的问题或机遇，因此，这是一个周期性而非线性的阶段。

改良后的双钻模型可以提供改革所必需的流动性和迭代性，它概述了各个阶段的顺序，框定了整体目标，同时也明确了利益相关方参与和迭代发展的重要性。它为实验提供了指引，为创新和学习创造了空间，并且认可小心谨慎地对解决方案进行规模化的必要。

参与规则

无论多么周密巧妙的流程，在实际执行之前都只是图纸。想要达到预期的效果，这些流程必须得到全体成员的充分理解，并适当地延伸到规划和框架中。与此同时，也需要有共同的操作协议作为指引，为我们厘清具体进展。预先的澄清和记录能够节省许多时间，避免陷入困惑和沮丧。用设计战略师莎拉·布鲁克斯的话来说，它们概述了团队对未来的预期，起到了"事前析误"的作用。

　　我认为，在项目开始之初建立一定的共识，对于为团队创造良好的工作环境至关重要。这一过程包括：邀请所有成员表达自己的希望和担忧，然后就职责、流程、工具、节奏、反馈循环和解决分歧等方面进行协商并达成一致。我很庆幸自己能够在 2005 年通过 Hot Studio 了解到这一可持续的实践方法。

　　具体的详细程度取决于项目的规模和复杂度，以及成员的偏好。规模较大、利益相关方较多且决策流程较为严格的项目，通常需要更多的步骤和时间。小规模项目的要求可能相对简单，但至少团队应该就具体项目的目标和计划、角色和责任，以及基本的共事规则达成一致。

目标和计划

　　变革目标将变革指令分解为可实现的任务或可交付的成果，然后通过规划进一步解释流程将如何运作。它们可以是声明或正式的团队 OKR（目标与关键结果）或 KPI（关键绩效指标），又或者团队一致同意遵守的其他相关指标。

　　变革目标一般指向具体的结果。假设变革指令是改进组织的创新实践，变革目标将明确如何实现这一指令——比如，探索现有的内部和竞争性创新实践，并在全面执行之前，确定可以进行原型构建和测试的潜在解决方案。假设变革指令是改进与支持者之间的联系，变革目标则可能是与支持者进行讨论，同时探索新的联系方式。变革目标无须太多解释，但必须明确团队实现自身目标的方法及成功的具体指标。

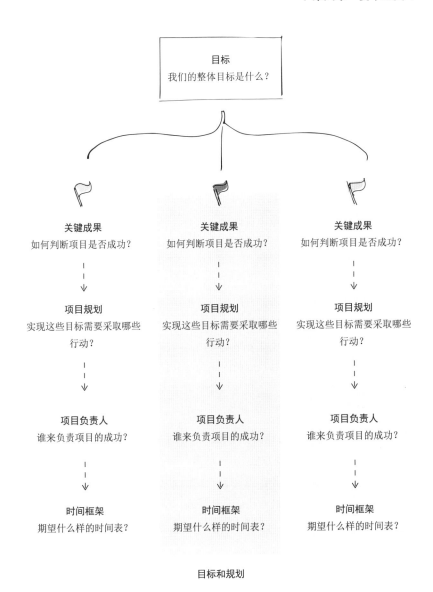

目标和规划

　　规划和时间表可以让目标变得更为具体。在时间表的高层次呈现下，一系列的行动先后发生而又相互依存，并最终导向一套可行的解决方案。

它们能够表明团队在整个流程中的所处位置，在设计得当的情况下，还能揭示单个行动和整体行动之间的联系，以及个别领域脚步放慢对其他领域的影响。时间表的制定依据可以是事先预判，但是关键里程碑及它们之间的时间窗口必须明确。在设计和维护得当的情况下，时间表可以成为流程决策的绝佳背景，因为它们是对当下事件的客观表达。

规划和时间表需要有一定程度的灵活性才能应对变革倡议中经常发生的意外和曲折，但这种灵活性应该建立在团队的共识之上，而非受制于偶然。没有具体共识的灵活性，在一些人眼里的"条件允许的时候"，在另一些人眼里也许是"规定截止日期的一两天后"。

角色与职责

变革倡议中角色与职责的分配与球队中球员的挑选类似。想要最强劲的技能组合，但每位球员也需要与其角色相匹配。哪怕你有 3 名优秀的投手，但是没有接球手，也无法赢得多场比赛。你的首要目标是确保所有的团队成员角色没有空缺，并且成员的职责与其技能相匹配。次要目标是确定具体的职责内容和负责人。同样，如果每个人都想投球而没有人愿意接球，团队也会受到影响。

除了详细说明职责内容和负责人的功能性定义，厘清关系责任也对团队很有帮助。可以利用 DACI（驱动者、审批者、贡献者和知情者）或 RACI（执行者、负责者、咨询者、知情者）等框架来确定进程推动者、决策批准者、咨询提供者及信息知情人，从而简化这一流程。对这些框架的恰当使用可以避免出现个别成员任务过多或角色之间相互冲突的情况。

虽然一个团队通常只有 1～2 位领导，但如果某位成员的强项刚好符合眼下的需求，让其他人来领导也不失为一计良策。如果头脑风暴不是领导者的强项，那么可以让其他人来主持会议。预算讨论可以交给最懂财务的成员，规划会议可以交给最有组织能力的成员。这是一种非常实用且高效的团队合作方式。只要执行得当，就不会削弱或稀释团队领导者的角色。

最后一步，确保成员履行自己的职责。原因的分类有助于规律的总结。比如，若大多数的超时完成或者未能完成是由团队成员无法控制的因素导致的，这可能表明该项目没有得到足够的高层主管支持。如果团队成员由于自身的行为未能实现自己的目标，这可能表明他们不适合该项目。

基本规则

基本规则是指引日常进展和互动的团队协议。它们通常与团队章程的总体向导紧密相关，但更具体地适用于特定项目及目标。

规则内容可能包括：线下会议与视频会议之间的抉择、异步交流的协调、团队常用工具的选择或者具体模板的选用。这些规则通常诞生于团队的讨论和共同的决策，具有很强的主观性，以下是一些最为常见的基本规则。

进度核查：要确保团队成员按时完成任务和履行职责，最好定期进行进度核查，让大家各自陈述自己所肩负的期望和已完成的工作。这样做有助于团队成员了解彼此的工作，并清晰呈现团队内的行为模式。此外，它也为提问及寻求帮助或额外支援提供了很好的平台，并定期提醒大家，项目的成功取决于整个团队，而非个人。

参与标准：得益于互联网以及相关平台和工具的兴起，参与不再局限于面对面的实时互动。但与此同时，如果不能及早干预，过多的选择也会导致极端的复杂性。团队的决策可能包括：参与应该在什么时间以什么样的方式进行？是同步还是异步？线下还是远程？全员参与还是部分限定？除此之外，明确参与的要求也很有必要。一般来说，成员在合作过程中保持沉默的原因有很多，他们可能过于内向，或者对团队环境感到不适，又或者相对于其他成员而言较为生疏，因此害怕出错。但是如果关键成员都不分享自己的观点，那么团队再怎么多样化也没有意义。基本规则可以让人们以自己感到舒服的方式安全地表达意见。

工具选择：共创团队可以选择的工具和参与选项一样丰富多彩。信息的归档以何种方式、在何处进行？哪种沟通方式更受欢迎？哪种开发或者追踪工具将被采用？工具将以什么方式、按照什么协议进行共享？是否需要进行培训？这些都是流程正式开始之前需要回答的问题。选择团队成员熟悉的工具是明智的，但如果选择的工具过时或不适合项目，则不适用。数字白板、通信渠道和在线项目管理平台等新工具，只要使用得当，可以极大地提高团队的绩效。

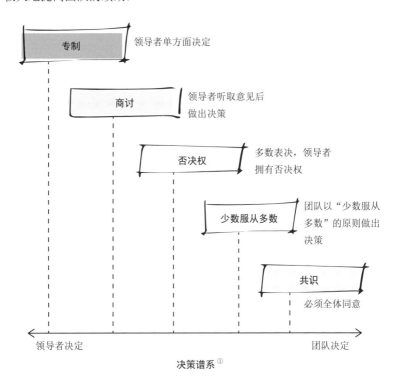

决策谱系①

_____

① "决策谱系"是根据坦南鲍姆和施密特的领导行为连续体模型改编而来的。

沟通指南：误解是合作中经常会碰到的问题，它可能导致犯错、方向不对、完成超时等各种情况。团队的多样性越大，互相理解、达成共识、建立信任、放弃掌控和分享权力的难度也就越大。制定基本规则以鼓励清晰明了的高频沟通，对解决这一问题很有帮助。协议内容可以是对一些定期行为的鼓励，例如，发送附有议程或关键问题的会议提醒，或者每次会议结束后对取得的成就、做出的决策和待解决的问题进行总结回顾。对"截止日期"或"满意度"甚至"共识"等常见词语做出明确定义似乎显得有些过度，但众说纷纭也是导致混淆的常见因素。

决策制定：个人主导的决策非常简单，领导者公布决策，其他人照做即可。但在多人协作的环境下，决策的过程就需要明确的定义。决策的风格可能偏向独裁，也可能倾向于授权，具体取决于团队的偏好和运作方式。团队成员或小组可以贡献力量、提供咨询、行使否决权、努力达成共识或建立"多数原则"框架。无论采取哪种方式，都需要成员们尊重最终的结果，并一贯地加以执行。

冲突管理：协商一致的冲突和异见解决方案，也应当是基本规则中的必备元素。方案的选择有很多，具体还是取决于团队，但流程必须一目了然，比如，什么类型的行为需要调解、调解的过程如何进行等。此外，它还应包括冲突解决后的具体安排，通常是一致达成共识，不计前嫌"向前看"。

其他规则：团队的工作也受到许多微妙且不言而喻的规定影响。政治上的细微动荡可能比看上去更为严重；一些意想不到的因素也可能使流程受到干扰，从而让看似简单的事情变得复杂。通过根据环境量身打造或随着流程逐渐发展出一套相关指南，这些不确定的因素都可以得到解决。

选择合适的流程及能够为团队参与提供指导和支持的规则，并非变革过程中最迷人的部分，但它就像建筑高楼大厦时要用到的脚手架，可以让那些激动人心的时刻成为可能。花费大量时间和精力所搭建起的框架，未必可以立竿见影，但意义非凡。

要点回顾

可以提高团队绩效的正确流程

选择并实施正确的流程，可以使进展有条不紊，避免漫无目的或进展不稳定。它能够无声地推动变革的行动，赋予成员掌控感，同时鼓励大家探索新的想法或实践。

根据变革倡议改良的设计流程

只需稍加改良，双钻模型就可以很好地适用于大多数的变革倡议。改良后的双钻模型可以提供改革所必需的流动性和迭代性。它概述了各个阶段的顺序，框定了整体目标，同时也明确了利益相关方参与和迭代发展的重要性。它为实验提供了指引，为创新和学习创造了空间，并且认可小心谨慎地对解决方案进行规模化的必要。

明确细节

要达到预期的效果，变革的流程必须得到全体成员的充分理解，并适当地延伸到规划和框架中。此外，还需要有共同的操作协议作为指引，帮助我们界定进展，选择工具和平台，明确参与和沟通的期望，规定解决冲突的方式。

延伸阅读

《敏捷实践指南》，项目管理协会（PMI），电子工业出版社，2018 年。

《创意选择：苹果黄金时代的产品思维》，肯·科钦达，中信出版集团，2019 年。

《OKR 工作法：谷歌、领英等公司的高绩效秘籍》，克里斯蒂娜·沃特克，中信出版社，2017 年。

《工作需要仪式感》，赫斯特·欧森、玛格丽特·哈根，人民邮电出版社，2020 年。

《敏捷时代：聪明的公司如何改变工作方式》（The Age of Agile: How Smart Companies Are Transforming the Way Work Gets Done），斯蒂芬·丹宁、汤姆·帕克斯等合著，AMACOM，2018 年。

《设计思维实战指南》（The Design Thinking Playbook: Mindful Digital Transformation of Teams, Products, Services, Businesses, and Ecosystems），迈克尔·勒里克，Wiley，2018 年。

《精益创业：新创企业的成长思维》，埃里克·莱斯，中信出版社，2012 年。

《待办任务（JTBD）实战指南》（The Jobs to Be Done Playbook: Align Your Markets, Organizations, and Strategy Around Customer Needs）， 吉姆·卡尔巴赫，Two Waves Books，2020 年。

第七章　变革叙事

行动并不总是比言语更具说服力。实际上，若非积极沟通，变革倡议的行动大多数时候并不为人所知。无论是通过当面交流还是媒体传播，有效的沟通是将变革倡议的关键要素告知所有人的最佳途径。设计得当的有效沟通能够让新的概念和实验得到理解和认可，为贡献者和参与者提供鼓励，让变革倡议持续得到关注，并更容易地被大家融入日常的讨论和决策中。最重要的是，沟通能够让团队成员和利益相关者在变革的旅途中变得更加团结，帮助大家保持同步，为共同的愿景铺平道路。

有这么多好处，沟通策略的制定原本应当是一种选择，而非挑战。然而，事实远非如此。大多数时候，整个过程不是被严重忽略，就是被错误委托。变革领导者不是错误地假设大家心里都一清二楚，就是对具体细节漠不关心，又或者觉得这些尝试一定会被忽略、误解或故意滥用。他们以为，行动一定比言辞更有分量，自己所做的工作便足以说明一切。遗憾的是，这样的情况几乎从未发生。

沟通的机会太少或者不够吸引，变革倡议成功的概率也会大受影响。即使团队非常优秀，项目也进行得十分顺利，没有有效的沟通，真实的故事也会扭曲变形。没有及时可靠的信息，人们就会编造一些故事并且进行传播。再先进的组织也无法阻挡流言蜚语的传播，因为对信息匮乏的厌恶是人类的天性。如果利益相关者无法得到任何有关项目进度的消息，他们就会默认项目已经停滞；如果他们听到的全是关于某部分已经完成的消息，他们就会默认其他部分毫无进展；如果某项贡献没有被公开认可，贡献者就会觉得自己的工作不受重视。

不过，充分的沟通也未必就能让人后顾无忧。有关问题和风险的如实分享有时也会引发质疑，让原本就不愿配合的利益相关者产生新的顾虑；机遇的发掘也许会让其他人萌生自立项目的念头，从而导致资源的争夺；

早期成功的报道也许会让利益相关者激动过度，从而过早抱有不切实际的期望；太具吸引力的沟通也会导致询问和贡献太多，团队应接不暇。

这些隐患使沟通变得令人生畏，但是也让良好的沟通显得更有价值。选择正确的沟通方式并以正确的方式加以执行，带来的好处不言而喻。面对面的团队交流不仅能让流程变得更加人性化，还能建立成员之间的信任；视觉沟通能够让抽象的概念变得更加具象化和浅白化；互联互通的线上沟通可以团结和凝聚支持的力量。只要找到正确的方式、适合的听众和匹配的目标，沟通就能够大大提升变革倡议的绩效和形象。

沟通方式

沟通技能无人不晓。大多数小朋友在幼儿园的时候就已经会讲故事、表达自己的需求，解释自己的知识。很少有人需要学习怎样沟通，但是，大多数人都不知道如何有效沟通。信息太多会让听众感到厌烦，信息太少则会留下一堆空白等待临时的填充。用词或者表述错误，就会困扰或者激怒听众。将信息及其含义以词汇或者视觉等形式进行准确地传达，能够有效提高变革团队的影响力。

作为提炼有效沟通能力的第一步，要了解自己有哪些沟通选项，以及如何运用它们。例如，变革团队可以建立一个可以传达自身目标和意图的形象，来增加存在感；也可以通过定期发布更新，来沟通团队的进度，以及对成就或挑战的共同认知；还可以通过展示更具深度的信息，来进行教育或者启动。每一种选项都在变革过程中的不同阶段、出于不同的原因提供了独特的价值。

树立形象

一般来说，问题和目标越具体，参与度就越高。我们可以通过给项目命名或将其品牌化，来实现这一点。通过命名来快速传达项目内涵这一行为，也许看起来有些肤浅甚至俗气，但却非常有用，正如前 IBM 设计主管菲尔·吉尔伯特所强调的：

> 我们给它取了一个独一无二的名字——"标志性项目"，然后突然间，所有人都可以用它来进行交流。当我在董事长面前提起"标志性项目"或者"标枪项目"时，她完全知道我在说什么。我们的高层领导和项目小组也完全没有感受到任何障碍。我认为，命名的重要性再怎么强调也不过分。同时，我们还要围绕这些名字建立一个自上而下的沟通程序，让组织变得更加轻盈。改革 IBM 这件事听起来非常抽象，但是在我们提到这些名字的时候，公司上下 37 万名员工都能完全理解我们所指的内容。

品牌化则远非取一个抓耳的名字那么简单，这一点设计师应该深有体会。品牌体现了人们对产品、服务或体验的思考方式。虽然一般情况下，它以名字或者标志的形式呈现，但实际上它包含了一件产品的全部资产和价值，影响着它在人们心中的形象。在变革倡议中也是一样，通过品牌化，项目的各个部分被浓缩成一个简单明了的概念。只要设计得当，它可以很好地为项目树立期望，增加可信度，传递共同价值。

通过选对名字这一简单操作，品牌化可以帮助人们明确焦点和意图。例如，"Everest"（珠穆朗玛峰）这个名字就体现了变革倡议的鹤立鸡群，暗示着一项艰巨的挑战，胜利者将在此过程中脱颖而出。拓展部分建议采用明亮的高山色彩和自信沟通风格。相比之下，"Kumbaya"（20 世纪 50 年代流行的美国黑人灵歌，Come by here 的音转，可译为"欢聚一堂"）就更加强调社群和连接，寓意着团结与庆祝所带来的积极影响。拓展部分建议采用温暖缤纷的色彩和诙谐友好的风格。

在沟通的过程中巧妙运用品牌指南（比如统一而熟悉的格式），可以帮助利益相关者更好地吸收和解读信息。使用品牌模板化或者遵循一定的公式并非投机取巧，它代表了创变者及其受众之间的一种契约，是大家在信息共享方式上达成的一种共识。采用品牌化的布局或信息排序可以帮助理解和引导关注点。使用约定俗成的术语等品牌形象可以决定的细节，有助于精确表达和明智对话。构思巧妙的品牌形象能够引发情感的共鸣和火速传播。只需在 T- 恤衫或棒球帽上贴一个品牌的标志，团队的凝聚力就会大大增强。

虽然品牌化是一种创意表达，但它绝非毫无限制的艺术项目。它需要与组织相契合，考虑到相关的背景，并采用与组织、社群或运动相关的词汇和概念进行沟通。对于企业或者非营利组织，可以从它们的文档和数字媒体中找到适当的措辞和语气。但是对于拥有社会、文化或政治属性的变革倡议，措辞和语气的选择就显得更加困难。构思精巧的恰当措辞可以帮助团结分歧的双方，构思不周的言语则可能引发嘲笑或过早的失败。最好能与一名沟通专家进行合作，而且这位专家是这方面的天才。如果找不到这样的人，那就找一个对相关话题有敏感度并愿意提供诚实反馈的人，测试你要沟通的内容。

为变革倡议建立品牌形象的首要目标是和光同尘，而非脱颖而出。品牌锋芒毕露，会让团队在组织中显得另类，从而引发免疫反应。通过结合组织的内容和审美偏好，品牌可以有效增强变革倡议主要成员的身份认同，提高项目的认受度。

定期更新

定期进行通信更新可以提高团队成员的知情度和参与度，理想情况下，还能在项目进行的过程中建立支持。无论是当面沟通还是媒体渠道，定期更新都能帮助释放积极进展的信号、解释决策的过程和凝聚支持的力量。设计领袖米内特·诺曼非常重视这一点，并将其作为自己在 Autodesk 担任工程实践副总裁期间的首要事项：

> 我经常和我的员工进行沟通。我每个月都会举行一次全员会议，每个季度都会给我的员工发送一份内部邮件，向他们解释决策背后的原因、为什么我们要投资这些事情，以及他们的工作对

公司来说意味着什么。我也经常和上层及外部进行沟通。

正如米内特的经历所展示的，更新的形式和规模多种多样，可以是简短的邮件、Slack 上面的帖文或者长篇的总结，也可以是状态会议中的每周"回顾"、视频对话或者社交媒体贴文，还可以是像热图这样的动态视觉元素，展示项目的实时动态。具体的更新取决于团队的能力和受众的偏好，但无论如何，简洁、清晰、准确都是更新的必备条件。

这并不意味着更新的内容可以敷衍了事。快速的更新看似毫不费力，但绝不代表可以言之无物。如果发送给团队成员或利益相关者的邮件里面只是一份最近的成就列表，他们可能会直接略过。但是如果你能对这些成就的重要性稍加解释，也许可以得到他们更多的关注。阐明原因可以赋予内容更多深层含义。为什么有些失败是意料之中？为什么现在进行这项实验？这样做可以为利益相关者带来哪些好处？这些解释可能会引发更多的讨论甚至辩论，这恰恰是项目成功的征兆，而非顾虑的理由。

叙事技巧

有时，除了定期更新，创变者还需要补充更多的背景和细节。比如，一般来说，研究结果的内容都过于繁杂，无法以邮件的形式进行传达；构想的结果除了准确地传达，还需要进一步辩论和吸收；对于可行性的深度反思和互动，能够有效地优化实验与迭代的结果。这种程度的拓展最好能够以演讲、信息图表、问答环节和线下研讨会等方式进行。实施这些方案所需的时间和精力都远非简单的更新可比。但是，一切的努力都是值得的，尤其是在变革倡议的内容能够以故事的形式传达的时候。

精彩的故事能够将变革倡议从过程提升为表现。它让贡献者走向台前，并且重新定义缺陷，使其不再只是麻烦的来源。它通过对未来的美好期望或对失败的深刻理解，将受众们团结在一起。故事能够让复杂的细节变得简单，从而帮助利益相关者把握微妙的互动，降低他们对风险的抵触。

故事也容易给人留下深刻的印象。对故事的聆听和学习一直伴随着人类的演化，直至今日，故事仍然对人类的大脑有着独特的影响，能够触发大脑神经的积极反应。在聆听故事的过程中，大脑会释放多巴胺，让信息的记忆变得更加容易和准确。当我们与他人坐在一起时，会产生和其他人及讲述者相似的大脑活动，从而更加团结一致。

熟悉的情节或寓言能够帮助听众和读者更快地理解和吸收信息。比如，可以用《皇帝的新衣》来委婉暗示变革倡议中的潜在失误。同样，也可以用《大卫和歌利亚》来象征足以令竞争对手落败而归的变革。这些故事简单易记，广为人知，人们可以快速地吸收，然后再广为传播。

莉兹·奥格布关于故事的分享

人类常常被动地接受特定的角色或职位安排，从未有机会思考自己人性化的一面。故事让人们首先思考自己人性化的一面，然后才是他们在这个结构当中的角色或职位。

我们的系统并不鼓励感性，认为它是成功的反面，认为它让一切失去衡量的标准，认为它空洞无物，"自我感觉过于良好"，无法在商业世界站稳脚跟。于是人们纷纷加以摒弃。但实际上，它绝对可行，因为所有人都想要以正确的方式把事情做好。

如果你用故事去触动人心，就会发现，它比数字游戏更能说服人们接受风险。就算我有为故事内容背书的一切凭证，但真正让人跃跃欲试的还是信任。然而，信任从来与数字无关，信任来自内心。

但是，叙事终究是一门艺术，需要反复练习才能熟能生巧。预先设计的情节也并不总是奏效，有时要找到一条适合的现成故事线并不容易。有鉴于此，创变者可以参考以下3条基本的叙事准则：适应需求、塑造角色及精进表达。

适应需求：故事的传播方式多种多样。托尔斯泰的《战争与和平》原本是一部千页巨著，但 CliffsNotes 版本将其缩减为二十几个段落。确保故事符合受众需求的第一步是明确叙事的目的——这个故事需要在目标人群中间达到什么样的效果？假如你要分享的是一份调查报告，受众可能就会更关心报告揭示的问题，而非调查过程的具体细节。比起精巧的数据分析，其他利益相关者的说辞也许更能引起他们的兴趣。同样，如果你要展示的是某项实验的结果，受众通常会想事先了解故事的结局是成功还是失败，他们又能从中学到什么。

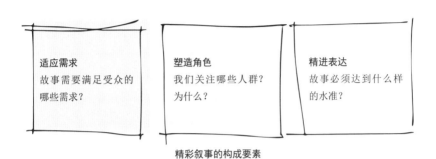

适应需求
故事需要满足受众的哪些需求？

塑造角色
我们关注哪些人群？为什么？

精进表达
故事必须达到什么样的水准？

精彩叙事的构成要素

塑造角色：没有什么比塑造真实的人物角色更能增强故事的参与感。角色对人类有一种天然的吸引力，尤其是那些关于英雄和受害者的故事。抽丝剥茧地呈现一个人的痛苦或挣扎，可以让人更容易对故事产生共鸣。对团队成员贡献的特别强调，通常比任何数据或表单都更具吸引力。对提供帮助的利益相关者公开致谢，能够表明愿意分享舞台的态度。对杰出想法或创新做法的赞赏，能够吸引更多个人或团队萌生参加项目的兴趣（又或者对这些人的聪明才智本身感兴趣）。

精进表达：再精彩的故事，遇上糟糕的表达也会功亏一篑。生动形象的语言、引人入胜的视觉和触人心弦的轨迹是讲好故事的秘密调料。看到"背景造成困惑"这样的句子，读者可能只是点点头，但是，"每天早上一打开邮件，我就像踩进一扇通往地狱的陷阱门"这样的句子，却能让他们会心一笑。最好的办法是聘请一名优秀的作家或者平面设计师，但如果没有，出色的语法、简洁的图案和合理的推进也可以起到很好的作用。如果故事需要以演讲的形式呈现，那么演讲者同样需要精进自己的表达。通常情况下，听众都能善意包容演讲者的紧张或者经验不足，但他们很少能够容忍演讲者准备不足。每一次排练都有助于增强演讲者的自信度和自由度，因此，再多的排练也不为过。

完善细节

选择合适的沟通方式可以有效提升变革倡议的影响力，但除此之外，规划过程还涉及一些其他变量。无论是创作变革海报、更新项目状态，还是传播新的数据，下面 4 个因素都将对沟通的影响力起到关键作用：受众、目的、媒介和时机。这些要素一旦处理得当，沟通的效果就会得到极大的提高，但同时处理这些因素就像同时说多种语言。对此，Salesforce 首席设计官贾斯汀·马奎尔如此解释：

> 沟通的风格和技巧几乎就是一切，它包括你采用的渠道、语气和频率。有人喜欢打电话，有人喜欢面对面会议，有人喜欢发邮件。所以，实际上你需要熟悉所有的变量，然后了解你沟通的对象，知道他们喜欢什么样的渠道。你需要对沟通的渠道、频率和语气有明确的预期——哪怕所有这些事情都与你的喜好大相径庭，然后采取相应的行动。

受众

明确受众群体是一个重要的起点，它决定了沟通的内容、媒介和节奏。如果假设受众是没有特定的类别、阶层和兴趣的普罗大众，沟通的效果通常如牛奶吐司般平淡乏味，令人毫无兴致。一般来说，变革倡议的受众至少可以分为两类：负责变革的团队和其他人士（包括所有受变革影响或只是想要持续关注的人）。

作为受众，团队成员希望沟通更加亲密和即时。虽然可选的媒介数不胜数，但是部分对话依然需要以面对面的方式进行，哪怕是视频会议。有些沟通可以采用意料之内的统一模式，但有些可以即兴发起。具体的沟通风格和规范取决于团队的特点。语气既可以是亲密、温暖和鼓励的，也可以是商务和正式的。信息的传递可以直接坦诚，也可以走诙谐幽默路线。由于直接影响到团队内的信任和关系，这些沟通必须始终如实反映创作者的思想，绝不采取虚假、傲慢或恶意的态度。除了项目信息、深度讨论和主题辩论，团队也可以纳入一些更加私人的话题，例如压力、倦怠或挫败，又或者庆祝和娱乐。

相比之下，与非团队受众的沟通则显得更加谨慎、严肃和保守，方法的选择上也通常更加狭隘和精准，更多采用可预测的模式，而非即兴对话。政治影响有时也必须纳入考量；行动和想法需要以一种温和无害的方式存在；决策背后需要有硬性的事实和大量的数据作为支撑。由于非团队受众的非同质性，将它们按照共同的兴趣分成具体的类别，可以使沟通变得更加顺畅。也许这个群体对项目很感兴趣，想要每周获得详细的更新，而另一个群体则没那么感兴趣，可能只想每个季度简单了解一下。一般来说，高管们更倾向于简单直接，工程师或研究人员则希望了解更详细的信息。

目的

确定沟通的目的对内容的创作很有帮助。目标的种类很多，但是一般来说，变革倡议的目的可以根据意图分为以下几种：告知、说服、互动和启发。这些意图在整个变革过程中都普遍使用，但是通常更具体地适用于项目开始、中间和结束的不同阶段。

在项目的开始阶段，沟通的目的通常是告知和解释，包括概念的介绍、流程的解释、对支持者的感谢、计划的制定及目标的明确。有时甚至需要对变革的理由进行辩护，尽管项目早已得到其他人的批准。随着项目的推进，沟通就会开始向说服倾斜，因为团队需要反驳质疑、平息焦虑或者解除疑惑。通常情况下，说服性的内容需要论点和论据的支撑，不过德高望重的领导者以个人身份发出请求也同样奏效。

然后来到某个节点，沟通的目的就开始转向于参与度的提高，直接与利益相关者进行沟通，帮助他们了解自己的日常工作是否会有变化，或者周围是否会有不一样的事情发生。参与度的提高可以通过个性化或者快速调查、请求反馈等互动方式实现。这些举动有助于表达倾听的意愿。它们表明变革团队并非所向无敌，又或者无所不知，而是非常乐于向他人学习。

到了后期阶段，沟通的目的可能就会更具启发性或思考性，甚至可能促成行为或理念的修正。你可以采用庆祝或者谦卑的预期，可以表示感谢，也可以振奋人心。它可以是对过去反思，指出其中成功的部分，同时承认失败和不足；也可以是对未来的展望，张开双臂，迎接更多的努力、更大的规模或者更新的举措。

媒介

媒介代表的是沟通的方式，它可以是邮件、社交媒体、演示文稿等任意一种信息传播形式，信息的发送者和接收者借此建立连接。选择合适的媒介不仅能够增加有效沟通的概率，还能传达一些额外信息，如信息的重要性或紧迫度。

媒介的选择数不胜数，并且与日俱增，但无论如何，都必须考虑它与受众和内容的匹配程度。如果组织对标准媒体没有具体的偏好，将选择权交给团队，那就选能够满足受众和内容需求的媒介中，最简单的那个；如果受众散布在全球各个角落，异步媒体就是最好的选择；如果受众对技术并不感兴趣，最好避免需要特殊技能的选择。但是，最简单的媒介并不一定就是最便捷的选项。虽然邮件和短信已经非常普及，人们使用起来几乎不假思索，但这也意味着市场的竞争十分激烈。使用短视频、语音消息甚至明信片等新兴媒介，也许可以帮助你突破重围。

在某些特定的时间点，你可能会想采用一些更具表现力或感染力的媒介来扩大影响力。此时可以通过举办大型活动来突出重大胜利或庆祝一连串的成就；也可以通过展览来创造更强烈的冲击感和互动体验；如果不太确定是否要引人注目，也可以制作一些海报，把它们贴在浴室门后或公共厨房、咖啡厅内的微波炉旁。只要能够达到传播信息的目的，又不构成冒犯或超出预算，都值得纳入考量。

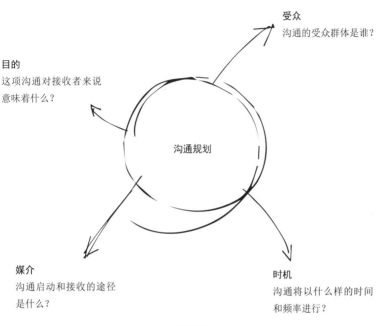

沟通规划

时机

沟通受众、目的和媒介的选择非常重要，选对了，沟通的需求也会大幅度增加。除此之外，还有第四个变量——沟通的时机，它决定了沟通的节奏，从而满足或调节沟通的需求。

大多数创变者都知道，坏消息需要尽快传达，而好消息可以随时分享。但是其他情况呢？哪些信息需要每天传达？哪些信息需要每月或者每个季度传达一次？哪些信息需要后续不断重复或强调？

如何决策取决于具体的环境、团队和变革倡议，然而一旦确定，它们就应该作为贯穿变革过程的行动指南被纳入沟通规划之中。

沟通规划能够提醒所有人沟通的重要性，以及如何让它与流程保持同步。它是匹配信息、媒体选择与受众的桥梁，帮助沟通有条不紊地按计划进行，也让责任的分担变得更加顺畅。

繁复精巧的规划也并非不可，但是一般来说，一个拥有足够弹性来追踪项目进展的简单规划就完全够用。它通常以沟通日历的形式得到巩固和体现，我们通过日历按照团队选择的标准安排信息，并指定受众、内容和媒介。规划越合理，沟通的过程就会越顺畅，利益相关者的需求管理及变革过程中其支持的持续获得就越容易。

要点回顾

精彩的叙事是利益相关者的凝结剂

有效的沟通是将变革倡议的关键要素告知所有人的最佳途径。沟通能够让团队成员和利益相关者在变革的旅途中变得更加团结，帮助大家保持同步，为共同的愿景铺平道路。

树立形象

一般来说，问题和目标越具体，参与度就越高。品牌化能够将变革倡议的各个部分浓缩成一个简单易明的概念，从而塑造项目在大家心目中的形象。

定期更新

定期进行通信更新可以提高团队成员的知情度和参与度，理想情况下还能在项目进行的过程中建立支持。具体的更新取决于团队的能力和受众的偏好，但无论如何，简洁、清晰、准确都是更新的必备条件。

叙事技巧

精彩的故事能够将变革倡议从过程提升为表现。它让贡献者走向台前，并且重新定义缺陷，使其不再只是麻烦的来源。

关注细节

影响沟通效果的 4 个关键变量：受众、目的、媒介和时机。只要处理得当，沟通的效果就会得到极大提高。

延伸阅读

《关键对话：如何高效能沟通》，约瑟夫·格雷尼，机械工业出版社，2022 年。

《图解设计故事学》，艾琳. 路佩登，商周出版，2021 年。

《绝对坦率：一种新的管理哲学》，金·斯科特，中信出版集团，2019 年。

《沟通：用故事产生共鸣》，南希·杜瓦特，电子工业出版社，2013 年。

《领导力沟通指南》（The Eloquent Leader: 10 Steps to Communication That Propels You Forward），彼得·丹尼尔·安德烈，独立出版，2020 年。

《叙事的科学：故事如何塑造我们》（The Science of Storytelling: Why Stories Make Us Human and How to Tell Them Better），威尔·斯托尔，Abrams Press，2020 年。

《叙事的力量》（Unleash the Power of Storytelling: Win Hearts, Change Minds, Get Results），罗伯·比森巴赫，East Lawn Media，2018 年。

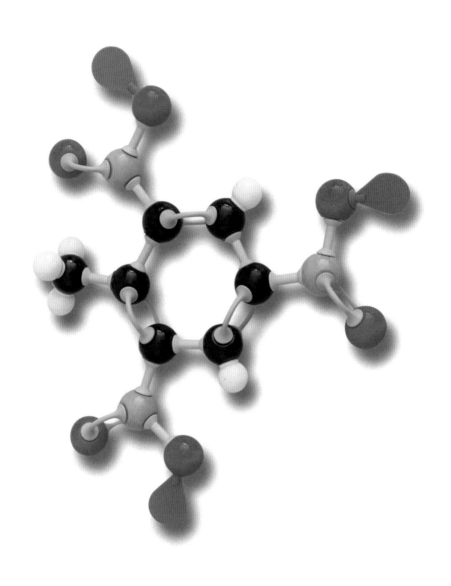

第八章　获取支持

利益相关者是对于变革持有"利害关系"的人，他们直接或间接地受到变革倡议的影响。他们也许是来自其他部门或职能的支持者，又或者是对项目的定期更新持有兴趣的旁观者。他们可能公开地表示赞同，也可能默默地表示反对。但无论他们与变革倡议的关系如何，他们都是项目成功不可或缺的部分，因为变革不仅仅是关于行动，还包括为行动创造条件，使其能够顺利运作、被接受和持续一定的时间。认可并尊重利益相关者的角色，可以提高他们支持变革并传播其吸引力的可能性。忽视或者误解，则可能会让他们成为变革路上的阻碍。

与利益相关者结盟的好处有很多。虽然受变革影响最大的群体对利弊的分析可能最相关也最准确，但所有利益相关者都可以为改革事业添砖加瓦。他们可以帮助识别不易察觉的障碍，提供关于隐藏资源或资产的咨询、重要的介绍、更多的机会、足够的支持及有用的建议。最重要的是，他们一旦被变革的魅力所征服，就可以帮助建立和扩大变革的支持网络，成为变革的"早期采用者"或极具影响力的倡导者。

相反，当利益相关者遭到忽视或者排挤，他们会成为变革的敌人。他们可以将创变者排除在重要会议或关键信息之外；他们可以撤回原有的支持或阻碍变革的进程；他们可以在公司细节、问题或观点上误导他人；他们可以诋毁创变者，让其他人以为变革的方式存在严重缺陷，或者团队缺乏足够的领导能力。实力雄厚的利益相关者甚至可以悄无声息地让变革倡议直接夭折，不留一丝干预的痕迹。

用设计师的思维与利益相关者打交道，将他们视为变革倡议的客户，可以有效地帮助我们趋利避害。从这一层面上来看，他们是信息、灵感和力量的宝贵来源。与他们建立联系，了解他们的动机和激励因素，然后赢得他们的信任和尊重，无论是对变革倡议还是创变者来说，都大有裨益。

建立联系

与利益相关者结盟，并使他们的利益与变革倡议的利益相匹配，可以将他们从一个面目模糊而又难以动摇的群体，变为一个富有弹性而又有利变革的支持网络。但要做到这一点并不容易。几乎任何规模的变革倡议都有自己的利益相关者群体，这些利益相关者的期望、影响力和兴趣通常各不相同，他们的角色、责任及反应也都千差万别。他们也许拥有很大的政治影响力，但是通常也很难确定。在彼此孤立的环境中，他们的动机可能相互冲突，又或者他们都有自己的变革倡议，无暇顾及其他。

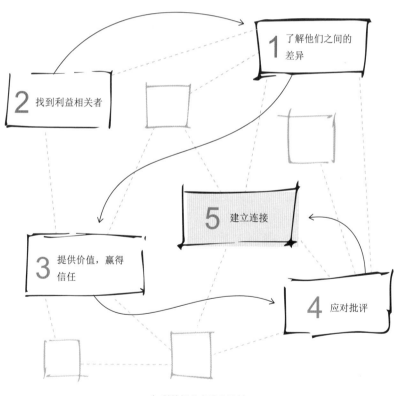

与利益相关者建立连接

要跨越这些差异来建立联系，需要找到可以让他们团结起来的东西。就像杰出的表演者在面对台下形形色色的观众时一样，我们要做的是找到那首所有人都耳熟能详的歌曲，然后用它来越过个体的差异，创造一种共同的体验。为此，创变者必须对利益相关者及他们所重视的东西有足够的了解。

他们必须抑制内心的急躁，不要在对背景信息或利益相关者的角色、职责和所处文化缺乏足够了解的情况下尝试解决问题，而是要花时间去倾听和学习。正如设计师戴夫·霍弗所言：

> 我必须和组织内所有的利益相关者及有影响力的人士会面，这样才能更好地了解他们。同时，我也必须了解他们的想法及他们想要建立的各种事务，这样我才能知道下一步该去往何方。一开始可能要小心试探，对吧？我必须花时间了解他们，尤其是在最开始的阶段，因为人类对自己的无知往往一无所知。

共情和洞察力

设计师在接到任务创造产品时，心里也许会有一些初步的设想，但只有傻瓜才会在对目标用户毫无了解的情况下就开始设计。优秀的设计师会在项目的开始阶段找到潜在客户的代表性群体，然后利用各种技术来深入理解他们的行为、信念和欲望，并产生共情。

他们会努力从客户身上学习，用客户的眼光来看待这个世界，因为这样做有助于激发更好的概念，帮助他们避免一些代价高昂的错误。

共情的本质是发自内心地关心他人和欣赏他们的观点。就利益相关者而言，这意味着了解他们作为普通人的一面，并以一种更加广阔的角度来了解他们对变革可能的看法；这意味着了解他们重视和厌恶的东西；这意味着了解人们为什么会反对一项专门为他们服务的变革；又或者了解他们的态度到底是取决于其他人的态度、广泛的研究还是对过往失败的认知。

获得这些洞察的前提是共情力，而共情力的培养绝非一蹴而就。它需要花时间与人共处、提出相关问题、仔细聆听他们的回答并对相关的困惑或者混淆进行澄清。理解人们的行为，尤其是他们对于变革的反应，可以帮助我们实现这个目标。抗拒改变是人类的天性。这是一种强大而普遍的力量，根植于生理、心理和文化的各个层面。由于我们常常将它与失败、损失或羞愧联系在一起，因此总会产生各种复杂而又根深蒂固的反应。

有趣的是，人们对于变革的各种不同反应，都能在"先行者、承上启下者和守旧者"这一框架中找到对应。

先行者：先行者是新思想、新方向和新发明的勇敢倡导者。他们是天生的变革推动者，相信大胆冒险然后静观其变，总是好过犹豫不决然后错失良机。但他们不会无条件地支持变革。如果变革的方向符合他们的预期，他们就会大力支持；但如果变革的方向与他们的预期不符，或者让他们感到难以掌控，他们支持的意愿就会变得没有那么强烈。初创企业的创始人就是先行者思维的典型例子。

承上启下者：承上启下者通常对变革持开放态度，但对变革设计和实施的方式保持谨慎。他们希望在提供支持之前了解其潜在影响，高度重视能够支持变革及其影响的数据，并希望变革流程的管理能够有良好的保障。由于对深度的理解和分析抱有足够的耐心，他们可以提供一些先行者身上所没有的价值和细节。一旦被说服，他们可以成为坚定的支持者和影响者。研究人员、分析师及在监管或运营领域工作的专业人士一般属于这个类别。

守旧者：守旧者倾向于规避风险，并且对变革持谨慎态度，但这并不意味着他们已经落后于时代或者消息不通。实际上，他们可能是组织中最有能力也最受尊敬的人。他们通常是组织内的资深老将，见过太多类似举措的失败。他们也许比任何人都清楚哪些地方可能出错，以及失败的代价是什么。他们需要看到更多的数据、更有说服力的证据和更高的透明度。

尊重他们所信仰和珍视的东西，是说服他们支持变革的前提。守旧者可能存在于组织内的任何层级，但在高层尤为常见。

___先行者___

优点
能够热情地帮助组织适应新的行事方式
早期采用者
冒险者

缺点
容易厌倦，总是着眼于尚未发生的重大事件
如果变革的执行周期过长，投入度可能会下降

如何建立支持
鼓励先行者成为变革项目中的早期创新者
鼓励先行者传播并分享自己的变革热情

___承上启下者___

优点
深度思考者，需要数据来帮助他们接受和理解变革
富有主见的领导者，可以让变革更容易被他人接纳

缺点
小心谨慎
优柔寡断
需要一定的时间接受变革
无法对领导者言听计从

如何构建支持网络
鼓励承上启下者研究变革的最佳实施方案，并设计一套方便他人遵循的变革流程

___守旧者___

优点
组织传统价值和流程的支持者
拥有丰富的过往经验，知道如何推动变革的成功

缺点
需要较长的时间接受变革
倾向于规避风险，对变革持谨慎态度，尤其是对那些考虑不够周密的变革项目
可能成为反对者或批评者

如何构建支持网络
鼓励守旧者扮演变革守门人的角色，邀请他们监督变革流程，以确保重要事项和文化价值不被忽视

先行者、承上启下者和守旧者

这些对于利益相关者信念和行为的洞察，可以为新的变革方向或设计提供指引，使其更容易被接受。它们可以使执行过程更加顺畅，帮助规避或减少额外的阻力，为影响力的扩大创造机会。它们可以重新定义假设的问题，揭示未被察觉的联系或复杂性。将其与对利益相关者目标和激励因素的理解相结合，可以帮助变革倡议从修正走向创新。

目标和激励因素

揭示变革的预设立场能够很好地帮助我们建立共情和增进沟通，除此之外，创变者也要了解利益相关者的具体责任、目标和相关动机。他们需要更好地了解即将发生的变革将如何影响利益相关者的生活。比方说，如果激励员工的因素是尽量减少工作时长，他们就不会愿意在没有成功保证的情况下探索新的想法或尝试新的实验；如果志愿者需要同时兼任多重角色，那么原本期望的变革也可能成为额外的压力和痛苦；如果激励项目经理的因素是按时完成项目，那么任何可能导致延误的变革都将构成威胁，无论它能给整个公司带来多大好处。

Expedia 设计实践管理副总裁道格·鲍威尔发现，这一点尤其适用于那些目标与变革完全背道而驰的人：

> 我们需要花大量的时间与产品经理进行合作，因为他们很多人的行为都受制于恐惧。他们大多数人都害怕把事情搞砸。这让变革很难推进，因为他们宁愿故步自封，也不愿意承担任何风险，即便他们明知这样做才是正确的。恐惧让他们抗拒改变。

了解利益相关者的目标和动机有时可以很简单，直接问他们"你身处一个怎样的奖励机制？"或者"你正面临哪些挑战和阻碍？"就能得到答案；但有时答案并不明朗，重要的关联或区别无法得到真正的解答。这时，战略性的分析可以助我们一臂之力。观察整个组织的运作方式及晋升机制可以为我们提供更多的资讯。鼓励变革团队仔细考虑变革的不利之处或详细说明可能出现的问题，也有很大的帮助。

关注这些差异可以帮助我们更全面地了解利益相关者支持和反对变革的原因，以及与他们共事的技巧。基础一旦奠定，创变者就可以开始通过共同的兴趣和目标，找到吸引利益相关者参与变革的方法。

寻找共同点

让利益相关者认识到变革的好处，可以帮助我们赢得他们的支持和参与。这可能需要将变革的好处转化为他们所欣赏的类型，或者通过一个创变者与利益相关者共同支持的高层次目标来找到共识。

设计战略师莎拉布鲁克斯解释了这种方法的重要性及具体的实施方法。

> 你如何在他们已有的努力上进行扩展，让他们觉得你只是在帮助他们扩充他们原本想要完成的工作？你如何让他们觉得，虽然你的想法有些新颖，但至少与他们原本就已经在思考和关心的事情不无关联？没有人想要用别人的脑袋想问题或是帮别人做事，除非对自己有明显的好处。这是人类的天性。

想要获得利益相关者的支持，就必须让他们看到项目与他们自身的关联，让他们了解变革如何有助于解决他们的问题或完成他们的重要事项。如果没有这种联系，抗拒变革的利益相关者可能会成为彻底的反对者，想方设法阻挠变革倡议及其团队。找到变革与利益相关者之间的共同点，让他们有了与变革团队接触并提供支持的理由，使他们能够在变革过程中找到自己的角色，无论是作为参与者、贡献者还是内部观察者。

与支持者结盟

获取支持和参与往往是一个迭代的过程，需要不断地提问与回答、提议与反对、争论与协商。可以利用一些比较高级和抽象的愿景和价值作为起点。虽然大家的职能与关注点各有不同，创变者依然可以在期望的结果或品质上寻找重合点。比如，要说服负责社区关系的利益相关者与创变者合作，从而引进新的销售流程，也许可以在组织外部形象的改善方面达成共识；要说服面露难色的运营经理为创变者提供支持，从而简化入职流程，也许可以向他展示变革将会带来的高效率和高利润。可以将这些共识转化成为利益相关者和创变者服务的目标。分歧也许仍然存在，但初步的共识已然达成。

谈判和决策是寻找并达成这些共同愿景和目标的必经之路，也是需要创变者对差异保持敏感的另一领域。有些人在决策时相对理性，喜欢权衡利弊和研究因果；有些人则对伦理因素更感兴趣，比如他们的信仰、是非观或善恶观；还有一些人较为随和，喜欢在决策过程中观察别人做什么，然后追随他们信任或钦佩的人。随和型决策者只有在其他人都加入的时候才会选择加入；以伦理为导向的决策者很难通过理性的论证来赢得他的支持。经验丰富的创变者会根据利益相关者的决策风格来调整自己的游说策略。

阿玛尔·汉斯帕尔

前 Autodesk 首席产品官和联席
首席执行官

人们通常认为，大型企业变革的难处在于互不相容的人与性格，但实际上，它存在于负责不同议程的团队之间。假设某团队需要创造 1 亿美元的价值，他们一定会想方设法利用公司的所有资源来实现这个目标。你要进行变革，就必定会与其他人竞争有限的资源。

这可能会导致一些同样想要努力实现自己目标的人抵制变革。有的人非常专业，他们可能会选择就事论事；另一类人则相对情绪化，他们可能会针对办事的人，要么攻击你的项目，要么攻击你本人。

而我本能地会去寻找共同点，其中一个方法是找到超越个人目标并且有可能让我们达成共识的更高目标。如果我问别人："你的目标是什么？"他们可能会回答"XYZ"。然后，我会仔细聆听，努力在他们的回答里寻找我们可能共有的目标。我可能会说："你看，虽然我们内部也许存在冲突，但从客户的角度来说，他们对我们各自努力的项目都有需求，也许我们可以携手合作，一起寻找解决方案。"

要在复杂曲折的变革过程中保持这些协议与共识，就得有长期维系的关系作为支持。其中，利益相关者与创变者之间根据各自的需求互相"给予和接受"的关系，是最容易发展的一种。创变者从利益相关者那里获取建议、意见和想法，并提供技能或帮助作为交换。这种帮助可以很简单，比如分享对方需要的联系人或其他有用信息；也可以是更深层次的影响，比如成为对方信得过的知己或教练。创变者可以秉持一种真诚而非贿赂的心态，用自己的技能或资源来换取利益相关者的时间和关注。戴夫·霍弗就这一方法分享了自己的经验：

> 你走进对方的办公室，想要通过采访获取自己想要的资讯，却发现当事人正在为某件事而感到焦躁不安。可能是家庭问题，也有可能是烦恼如何解雇某位员工，总之，对方没有说出焦躁的原因，但你已经被一道无形的墙隔绝在外。这时，你要放下原本的安排，用你的共情力去理解对方的需求，然后帮助解决困扰对方的问题，就算这与你拜访的意图毫不相干，因为关系和信任的建立大过一切。无论他们需要什么，你都尽力而为。之后你就可以提出自己的需求。

其他巩固和维系共同目标的行为都可以用"心存感激"来概括。大方地称赞对方的付出或分享劳动的成果，可以让对方感受到你的善意；及时向利益相关者更新有关时间表、实验、成功和挫败方面的信息，可以让他们时常记起合作的存在和好处；在利益相关者之间建立连接，将他们视为团队的一分子，可以有助于凝聚力的增强。所有这些行动都能为我们带来意想不到的好处，帮助我们弥合个人议程之间的种种差异。在大多数情况下，它们都能行之有效，但仍然会有一些利益相关者选择立场坚定地站在变革的对立面。

应对批评者

任何变革倡议都会有反对的声音。他们会对变革进行坚决的阻挠或者反抗。有些人选择公开表达他们的抗议与挑衅，无论创变者多么努力地寻求共识和争取支持，他们仍然会在演讲途中主动出击；其他人则相对被动——不是口是心非，就是保持沉默。大多数情况下，这些行动背后的动机都是恐惧。他们害怕变革的成功会导致他们失去权力、地位或稳定性，或者变革的失败会给所有的相关人士带来损失或耻辱。他们选择让创变者成为戴罪之羊，而非直面这些恐惧。

在这种情况下，我们依然可以保持耐心，继续寻找共同前进的可行之路，尽量避免防御性反应，继续发问和寻找同盟。如果这些都不管用，那么合理的选择是制定一套应对批评者的策略。

神经领导力研究所（NeuroLeadership Institute）共同创始人兼首席执行官大卫·洛克博士开发的 SCARF 模型是一套可以帮助我们理解和应对这些阻力的方便工具。SCARF 是地位（Status）、确定性（Certainty）、自主性（Autonomy）、关联性（Relatedness）和公平性（Fairness）的缩写，代表影响人们在感到威胁时的反应的 5 种因素。它可以帮助我们找到利益相关者对变革持消极态度的原因。

例如，有的利益相关者可能担心自己的地位或重要性会因此受到影响；有的可能担心变革会给他们带来更多的不确定性；还有一些可能担心变革会降低他们的掌控力和抗风险能力。抵制者可能担心变革会破坏他们的社会团体及该团体为他们提供的安全感；又或者他们认为变革是用一些人的损失来换取另一些人的利益，本质上来说并不公平。

了解利益相关者抗拒变革的潜在原因，可以让创变者在应对阻力和推进变革方面有更多的选择和掌控。认识到这些动机之间的差异，可以帮助创变者调节现有策略，化解潜在冲突。这并不意味着创变者应该对骚扰和不良行为采取无限容忍的态度。

抵制变革的利益相关者可能担心变革会打破他们的社交群体和从中获得的安全感。或者他们可能认为变革根本不公平，会对某些人有利，而对其他人不利。

地位

我是否受到他人的尊重和重视？	哪些事情让我们感受到威胁？	哪些事情让我们受到鼓舞？
	收到负面反馈	收到正面反馈
	被人评头论足	收到公开致谢
	感到被遗忘或被忽视	赢得比赛

确定性

我的消息准确吗？	哪些事情让我们感受到威胁？	哪些事情让我们受到鼓舞？
	意外事项	明确的目标和期望
	缺乏明确性	制定计划
	对他人的期望缺乏了解	将项目分解成详细的步骤

自主性

我是否拥有掌控感？	哪些事情让我们感受到威胁？	哪些事情让我们受到鼓舞？
	过度管理	拥有不同的选项
	遵守规范的压力	对流程的掌控感
	失控感	

关联性

我是否拥有归属感？	哪些事情让我们感受到威胁？	哪些事情让我们受到鼓舞？
	和与自己不一样的人初次会面	找到自己和他人的共性
	感觉自己受到排挤	创造一个共同的愿景
		倾听、指导和训练

公平性

是否所有人都受到平等的对待？	哪些事情让我们感受到威胁？	哪些事情让我们受到鼓舞？
	双标的规则和期望	透明的沟通
	对他人的不公平待遇	多维的视角
		给予各种不同的声音参与的机会

SCARF 模型

靠自己的力量积累社会资本和信誉固然重要，但所有创变者都应该在可接受和不可接受的行为之间划分明确的界限，并在界限被打破时，寻求支持者的帮助，让他们来应对这些批评者。

深化联结

对利益相关者有更多的了解，有助于建立一种有价值的合作关系；让利益相关者对你有更多的了解，有助于建立信任并加深联结。参与者之间如果没有一点信任，共创的努力永远也不会成功。合作关系越密切，对信任的需求也越大。但信任是一种非常难以捉摸的东西——在获得信任之前，创变者必须通过展示自己的能力和人格，在一定程度上证明自己值得信任。正如凯文·贝修恩在其职业生涯初期所做的那样：

> 作为一名身处高绩效团队的年轻黑人男性，我必须获取别人对我的信任。我能够感觉到团队技术人员和工程师一开始对我的质疑。我必须证明他们错了，但我不能假装自信，这会直接判我"死刑"。于是，我选择告诉他们，我愿意为他们做任何事情。我会撸起袖子，努力解决一切问题，并虚心请教身边的大师，无论他们是什么年龄。我问自己如何帮助他们成功？我知道，我只要按照前面所说的去做，信任就会不请自来，我的目标最终也将水到渠成。

能力的展示通常只是"言行一致"的问题。诚实地展示自己的技能，可以极大地帮助你获取初步的信任。一开始，大家通常会对组织内新晋创变者的能力心存质疑，然而，一旦他们亲眼见证对方的能力与成就，信任就会开始建立。

当创变者需要实现技能的跨领域迁移，情况就会变得复杂。假如你是一名经验丰富的程序员，但变革目标的实现需要对销售有一定的了解，你的技能优势可能就不那么显著。

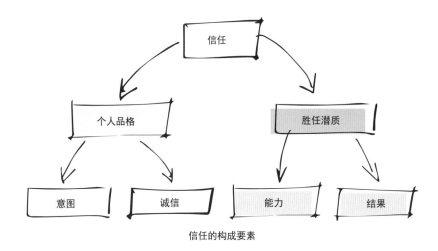

信任的构成要素

你也许在领导三人团队时展示了出色的管理能力，但和那些擅长领导千人团队的人相比，你就处于劣势。这种情况下，你可能需要花更长的时间来说服别人相信你的能力的确如宣传所说。花时间解释为何自己原本的技能仍有用武之地，以及直接经验的缺失可以如何弥补，也能极大地减少他人的怀疑和顾虑。

虽然信任的初期阶段主要聚焦在一些功能属性上——基本上就是看你是否足够胜任，更深层次的信任则主要建立在意图和诚信等人格特征之上。对创变者的动机感到好奇是人之常情。他如此热衷变革，是因为他想成为重要人物或掌握权力，还是因为他发自内心地相信变革的成功将使所有人受益？他是愿意克服一切困难去说服他人，还是只想通过剥夺他人的权益和隐藏事实的真相来走捷径？这些问题的答案都十分抽象且难以定义。只有时间的检验才能让一切变得明晰。

在没有足够证据支撑的情况下，对创变者的诚信持观望态度完全合理。这种证据可以通过观察创变者在各种情形下（尤其是面对挑战的时候）的行为来获得。他是否一直诚实公正？他展示的到底是真实还是伪装？在硅谷工作过的人都曾不止一次受到冒牌创变者的欺骗。这些人巧妙地让投资者和员工相信他们是才华横溢、善于合作的领导者，一定会为公司带来显赫声望与无尽财富。当然，这些公司最终都不可避免地以失败甚至通常是惨烈的失败而告终，因为人们发现这些领导者通过撒谎和欺骗来获得关注。尽管这种欺骗行为并不多见，但他们的存在却足以让人对其他人的诚信保持警惕。但如果创变者能够始终以表里如一的方式出现在利益相关者面前，信任就会逐渐建立起来。

信任能够为变革带来方方面面的提升，但其优势在创变者为团队或组织承担风险时体现得最为明显。这种情况的发生，通常是由于缺乏足够的数据或时间对结果进行准确的评估，或者必须在两边都缺乏足够支持的情况下做出决策。信任的明显优势还体现在变革出现问题的时候，创变者必须为团队提供庇护，即便这样做可能会为他们带来负面的影响。在这种情况下，创变者要让变革继续进行，就必须获得团队的信任。变革的规模越大，这种情况发生的可能性也就越大。建立一个消息灵通且参与度高的利益相关者支持网络，可以极大地提高成功获得团队信任的概率。

要点回顾

与利益相关者建立联系

利益相关者是对于变革持有"利害关系"的人，无论他们与变革倡议的关系如何，他们都是项目成功不可或缺的部分。认可并尊重利益相关者的角色，可以提高他们支持变革并传播其吸引力的可能性。忽视或者误解，则可能会让他们成为变革路上的阻碍。

了解他们的需求

发自内心地对利益相关者进行了解并欣赏他们的观点，可以帮助我们赢得他们的支持。深入了解即将发生的变革将如何影响利益相关者的工作或者生活，可以让想法更创新，执行更顺利。

寻找共同点

让利益相关者认识到变革的好处，可以帮助我们赢得他们的支持和参与。这可能需要将变革的好处转化为他们所欣赏的类型，或者通过一个创变者与利益相关者共同支持的高层次目标来找到共识。

深化联结

对利益相关者有更多的了解，有助于建立一种有价值的合作关系；让利益相关者对你有更多的了解，有助于建立信任并加深联结。

延伸阅读

《精准提问：如何让对话变得有意义》（Ask Powerful Questions: Create Conversations That Matter），威尔·怀斯，CreateSpace 独立出版平台，2017 年。

《再也没有难谈的事：哈佛法学院教你如何开口，解决切身的大小事》，道格拉斯·斯通 / 布鲁斯·巴顿 / 希拉·希恩，远流，2014 年。

《谈判力》，罗杰·费希尔 / 布鲁斯·巴顿 / 威廉·尤里，中信出版社，2012 年。

《前所未想：极端分裂时代，如何让对话充满好奇》（I Never Thought of It That Way. How to Have Fearlessly Curious Conversations in Dangerously Divided Times），莫妮卡·古兹曼，BenBella Books，2022 年。

《误配 : 包容如何改变设计》，凯特·霍姆斯，上海三联书店，2023 年

《如何利用冲突和多样性实现大规模集体变革》（Sitting in the Fire: Large Group Transformation Using Conflict and Diversity），阿诺德·明德尔，Deep Democracy Exchange，2014 年。

《孤岛、政治与势力斗争：一个关于消除同事竞争的领导力寓言》

（Silos, Politics and Turf Wars: A Leadership Fable About Destroying the Barriers That Turn Colleagues Into Competitors），帕特里克·兰西奥尼，Jossey-Bass，2006 年。

《非我族类：关于身份的科学》（Us and Them: The Science of Identity），大卫·贝雷比，芝加哥大学出版社，2008 年。

第九章　探索可能

跳过前期调研，直接解决问题，是许多人都想跃跃欲试的选项，因为这是变革进展的明显标志，是能力的证明和自我的满足。但是，省略充分探索问题原因和潜在解决方案的初步阶段，绝非明智之举。没有这些洞察，创变者就如身处一个受限于自身视野的封闭圈层。

无论团队的经验多么丰富，他们对问题或变革机遇的初始观点难以求全，既无法囊括利益相关者的所有观点，也很有可能忽略了一些重要线索——比如这些情况发生的原因，又或者问题没能得到有效解决或完善的原因。团队一开始可能会假设过去的解决方案仍然适用——实情可能也确实如此，但是身处复杂多变的当代社会，这种假设十分冒险。就算是最简单的问题，也常常因为视角的不同而有许多不同的答案。前期调研通过聚焦这些不同的观点，帮助创变者对意想不到的后果进行未雨绸缪。

贾纳基·库马尔

摩根大通商业银行部门首席设计官

在发现阶段，我们会进行大量的定量和定性研究。我们会进行大量的客户洞察，研究各种不同的人物角色。除此之外，我们还会进行竞争分析，以市场上的超级玩家为指标，对自身进行准确的定位和评估。这些信息能够帮助我们找到未来的航向。

这些信息综合起来，就是魔法诞生的秘方。你要花时间看清楚自己在调研中所处的位置，并尝试理解正在发生的事情。设计师要习惯于分享中期调研的洞察。部分设计师对此感到很不习惯。他们希望等自己完全理解了这些信息之后再进行分享。但是，当你每周都会和高层的利益相关者进行会议，获取来自各种不同的渠道信息，这时，你必须说："我已经对三个人进行了采访，下周还有 15 场采访要做，这是我们目前所知的信息。"这样，大家就知道这只是我们最初收集到的信息，并非最终报告。然后，你就知道，自己完全可以之后进行补充："有意思的是，前面三位受访者所提的这些内容，后面的 15 位受访者均未曾提及。"

只要执行得当，前期调研可以成为创变者的地形指南，为其指明变革路上可能存在的障碍、陷阱、正道和歧途，同时帮助团队更好地了解组织的运作方式和运作背景。它将利益相关者的世界观囊括其中，因为他们通常对变革倡议的相关问题最为了解。这种参考框架的扩展能够为变革团队的视野和能力带来极大的提升。

除了提供信息，前期调研也能为团队带来启发。调研过程中所产生的洞察，往往就是创造力的快速燃料。如果没有全新的直觉判断和猜想，大多数解决方案也只是过往经验的重复或衍生。新鲜的观点引来了新的思想流派，从而带来更具实质意义的概念和不一样的方向。

尽管具有这些显著的优势，前期调研仍然常常被省略、忽视或删减。它被视为"可有"而非"必须有"的事情，常被交给实习生来处理，或者只能得到三天的时间分配。背后原因可能是团队认为自己有充足的知识储备来应对挑战，又或者担心太多的数据和信息会扼杀创意和阻碍创新。无论是哪种原因，轻视前期调研在变革过程中所扮演的角色，是大多数人一生只能犯一次的新手错误。

长跑，而非冲刺

"冲刺"是一个产品开发术语，意指迅速探索潜在客户对某项产品的喜欢程度，重点在于速度而非可信度，因为在初期测试阶段，"差不多"就已足够。然而变革倡议面临的风险更高，因此这种假设并不可靠。设计调研的方法往往倾向于求全，首先大量搜集最为有用、相关和有效的信息，然后深入挖掘最具潜力的洞察。

先广泛搜集，再放大聚焦，是开发创造性成果的重要方法。最近一项研究通过分析成千上万名科学家、艺术家和电影导演的职业生涯，探究了创造力持续爆发或"巅峰时期"背后的原因。他们利用人工智能和先进的三维建模对不同的行为模式进行识别和比较，发现创造力的连续成功通常开始于超越个人专业领域的广泛探索，然后是专注于所选道路的具体执行。该研究进一步证实，选择一个具体的方向，然后刻意保持专注，可以大大提高产生突破性思想的可能。

对于大多数设计研究人员来说，这一发现并不新奇——他们平时的工作模式就是如此。尽管前期调研需要耗费大量的时间，省略探索的过程或者对前景可期的方向不够专注，可能会让结果变得无聊或者重复，这种后果比冒险激进更糟糕。具体的调研时间取决于挑战的规模，短则几个月，长则一年。如果觉得这听起来不切实际，那可能是因为你忘记考虑由于信息错误需要推倒重来的时间。

拓展视野

广泛收集和审阅各种信息、数据和输入，可以确保调研具有充分的代表性，同时有助于确定深度探究的方向。虽然团队的全体成员都对调研有所了解，但调研的初期阶段通常只向部分成员开放。理想情况下，这些人应该具有好奇心旺盛、注重细节和准确性，而又从不固执己见。分析能力或采访经验可以成为加分项，但坚持不懈和诚实好学的心态是更重要的品质，因为这一阶段需要保持好奇心，不断向他人学习；需要抑制内心的自我和傲慢，探索不一样的选项和可能性。

这一阶段的资源获取渠道主要可以分为以下 3 类：搜集、观察和访谈。搜集是指浏览各类议题，以及来自行业概览、财务分析、人口普查数据、趋势预测、流媒体数据等方面的有用背景信息，通过对过去的检视来了解造成当下局面的原因。观察则主要聚焦于事物的运作方式，寻找行为中明显存在的问题，比如队列过长的原因、助长破坏行为的领域或者人们不断重复提问、无视说明或错过截止日期的情形。因为解决方案通常与人们为应对问题而采取的权宜之计直接相关，观察这些行为可以帮助我们获得有益的洞察。

一般来说，与变革倡议中的既得利益者或相关知情人进行讨论或者访谈，是变革调查中最重要的部分。访谈的重心在于利益相关者本人，要让他们感到被重视、被倾听。他们能够指出有趣的问题、令人困惑的矛盾和可能的解释。在访谈过程中，简单的询问和悉心的倾听可以为创变者的认知增添更加丰富的维度和细节；敏锐的探询可以帮助创变者发现人们内心埋藏或潜伏的欲望，澄清他们的顾虑与恐惧。有时，访谈甚至可以为我们带来意料之外的想法和选项。

访谈的过程也有助于创变者与利益相关者之间建立关系，并且这种关系会随着时间的推移愈加紧密。正如 Salesforce 首席设计官贾斯汀·马奎尔所强调的：

> 通过主动联系、积极沟通和深入理解，你与这些人建立了一定的关系，或者至少是某种程度的信任。有太多的领导者热衷于英雄叙事，以为变革可以仅靠一己之力。事实上，最好的办法是组建一支团队。这并不意味着放弃自己的观点或权利，而是表明一种愿意兼听则明的态度。于是，你便有了集体智慧的加持。这些行为可以帮助你在任何情况下建立共识。

此外，多元性也是助力访谈的重要元素，而变革倡议的利益相关者通常也都分属各种不同的类型，因此，与各种类型的利益相关者进行接触也非常重要，尤其是那些受变革影响、能为变革做出贡献及希望持续了解变革动态的人。

受影响者：这类利益相关者直接受到变革的影响，无论是支持还是反对变革倡议的任何提议，都与他们有切身的利益关系。如果变革倡议的意图是修改某项捐款流程，那么直接受影响的就是捐款人和受捐人；如果变革倡议的意图是改进某个组织的创新实践，那么直接受影响的就是负责创作和实施新想法的人。这些人可能比一般人更加严格和投入，又或者更加多疑和紧张，因为他们担心实际的转变远远大于宣传所说。

贡献者：除了直接受到变革影响的利益相关者，还有能够直接为变革作出贡献的利益相关者。这群人一般都拥有有价值的信息、资源或者改变项目方向的权力，例如，掌握市场数据的分析师、拥有收益历史独家访问权的会计高管、对文化洞察最为熟悉的人力资源负责人、执行公司协议的产品经理或者对监管细节了如指掌的公司法律顾问等。由于这些利益相关者并不直接受到变革的影响，他们可能对自己在变革中所做的贡献没有太多认知，尤其是在变革倡议尚未具体呈现在他们眼前之际。

关注者：他们是距离变革最远的利益相关者，既不直接受到变革的影响，也不直接为变革作出贡献，但仍然希望持续关注变革的动态。这个群体的成员特征并不明显，除非有人直接指认。如果企业规模不大，任何不属于上述两个类别的人都可以成为访问的对象。如果企业的规模在数千人及以上，那么更加高效的做法是直接询问受影响者或贡献者，看他们觉得哪些人会有兴趣持续关注。虽然这些人可能无法为变革提供相关的洞察或数据，但他们可以让我们了解到普罗大众对变革倡议的看法。

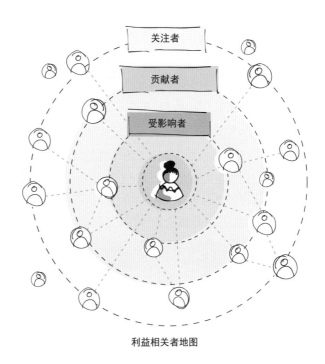

利益相关者地图

访问这些利益相关者需要一定的时间和准备，同时也有一些技巧可以帮助我们避免执行不当对关系造成负面影响。对设计师来说，接触潜在客户或顾客的途径非常多；但是对于变革倡议来说，只有通过线下或者线上的形式对利益相关者进行采访，才能提供足够的广度和深度。首先，可以绘制一张利益相关者地图，确定利益相关者的身份及他们与变革倡议的关系，帮助我们找到采访的对象和话题。

确定了利益相关者的身份，创变者就可以开始一场"聆听之旅"，同那些与变革有某种关联的人见面，然后正如旅程的名字所说，重点在于倾听而非演讲、说教或影响。成功的"聆听之旅"至少要实现两个目标：一是收集涉及变革运作层面的想法、洞察和顾虑，二是与受变革影响的人共情。也许变革倡议的承诺是提高效率、简化流程或者解决问题，但如果它同时给人带来焦虑或者困惑，这些好处就会掩盖。细心的聆听可以帮助我们发现这些潜在的挑战。

有一次，玛丽亚被要求制定一种设计方法，让分布在世界各地的 Autodesk 设计师都能达成统一。于是，她决定走访世界各地的办公室，开启一场真正的聆听之旅。她在这些办公室里，与各种类型的设计师进行会面，询问他们诸如以下的问题。

"你能跟我讲讲你的故事吗？你是如何走到今天这个位置的？"

"你为什么选择在这家公司工作？"

"目前有哪些工作进展顺利？"

"你面临着哪些重大的挑战/障碍？"

"对于你和团队来说，怎样才算是成功？"

"如果你是我，你会怎么做？"

"我可以怎样为你提供帮助/支持？"

通过这次聆听之旅，她收获了有关每间办公室的问题、前景和实情的第一手信息。这些宝贵的信息可以帮助她制定一个适用于所有人的解决方案。

访谈的具体问题因话题和利益相关者而异，但无论如何，都应该保持有的放矢、谦卑有礼，让事实与情感都能得到充分表达。对于二阶或三阶效应的探询，应当通过访问中不断出现的"为何"与"如何"而自然发生。在访问反对或不支持改革的利益相关者时，应当重点探询那些从未言说之事，探索可能的共同目标。

这些资源可以为我们带来适用于各种意图的独特视角。访问和调查都是非常主观的自我报告信息，无法保证绝对的准确性。受访者的回答也只是他们的言辞，而非实际的行为。但是这些回答仍然很有价值，因为它反映了人们的真实感受。相比之下，提取信息记录的是真实发生的事件，它包括流数据——能够反映真实行为的确切数据。有时，提取信息与自我报告的行为之间会出现偏差。例如，某位员工也许声称自己每周都会使用某项中心化工具，但提取信息显示实际的使用频率远低于此。这种情况下，更有意思的是分析该员工报高使用频率的原因。她是否对自己的使用频率缺乏认知？还是担心如实报告的后果？抑或希望自己以后的使用频率可以更高？

尽管广阔的视野可以提供丰富的信息宝库，但也需要设定明确的界限，否则项目就会在起步阶段停滞不前。我们的目标并非研究所有的细节和可能性，这既不合理也不现实。再多的调研也无法将风险和不确定性降低至零。适用性、有效性和可行性是帮助我们筛选信息的合理标准。当所有信息都有挖掘价值时，"我们将如何根据这些信息采取行动"就成为一个关键的筛选指标。如果这一问题得不到解答，就应该把相关的材料搁置一旁。

深度探究

一旦对信息有了广泛的摄取，就可以开始缩窄研究的范围，针对一些比较有趣和相关的话题进行深入的挖掘，以获取更多的洞察和透彻的理解。"深度探究"意味着彻底的研究，但并不进行总结。它意味着追踪细节、整理重组或剖析冲突，理想情况下，它应当介于分析与整合之间。

"分析"意味着将概念或信息进行分解，然后将它们像乐高一样进行重组，形成各种不同的场景。分析可以帮助人们区分因果和关联、事实与假设，识别反馈循环，解释变量之间如何互相影响。有时，它还可以为人们提供特定结果发生的概率或估计。

分析的结果通常以图表或表格等数学形式表达，能够为人们提供象征准确性和可预测性的证据。由于总是与"真相"挂钩，它们的重要性也不言而喻。然而，对大多数人来说，大多数的分析结果都显得晦涩难懂。幸好，与整合的搭配可以使分析的结果变得不那么抽象。

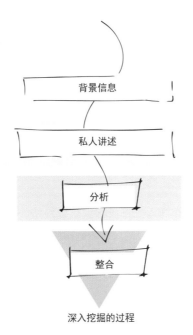

深入挖掘的过程

"整合"意味着将碎片和部分连接成一个整体，过程主要在白板和研讨会上进行，并以全员参与的头脑风暴为主要形式。整合过程中，思维导图等工具的运用可以帮助人们识别不同的成分，以及相互之间的关联；便利贴的普及可以帮助人们对数据进行分类或者区分。在发现和填补空白信息的过程中，发现惊喜并提出问题。通过对信息的分解重组，使人们对可行性的认知变得更加具体。

无论是整合还是分析，一旦公式化，就会将参与者固定在线性狭隘的思维模式中。然而，灵感和创意往往诞生于开放和自由的环境。不时参加一些即兴随意的活动，可以有效帮助人们创造这样的环境，如散步、参观博物馆、玩游戏、听音乐和坐船游湖等，任何足够放松或吸引注意力，能够帮助人们停止有意识的思考，把大脑交给潜意识的活动，都值得一试。这些微不足道的时间投入，可以带来许多创造力和吸引力方面的灵感。正如 Google 硬件设计副总裁艾薇·罗斯所说：

> 在我看来，我们的潜意识，我们的精神，完全知道我们为何而来，并且总能向我们发送一些微小的暗示。所以，我总是留意自己的注意力被引向何方。我觉得，只要你相信，这些暗示就会自然地浮现。然后，最重要的是，只要你能勇敢地跟随它的指引，往往就能找到你想要的东西。因此，我不想说什么"像我这样去做吧！"仿佛这是什么金科玉律，但对我来说，这就是我们理解生活的方式，理解我们如何游走于世界的可见与不可见之间。

粗略的调研通常在深入挖掘阶段就宣告终结，团队提交完结果报告后，就会将注意力转向别处。但设计调研往往不会如此轻易满足，而是继续整理信息，确定关键问题，然后提出一系列可能的解决方案。

整理信息

调研的价值，对于创变者与变革团队而言不言而喻，但在利益相关者和决策者眼里却未必同样清晰。要让其他人明白它的价值，就必须以一种通俗易通的方式进行呈现。要让信息具有叙事意义，让它符合组织自身的价值观念，并通过它提供不一样的前进方向。

与广泛搜集和深入挖掘阶段一样，整理信息的阶段也需要投入大量的时间。它要求我们不断猜测并提问——"如果……会怎样？""我们要如何……"；要求我们对输入的信息和可能的结果进行建模；要求我们得出结论然后再质疑这些结论；要求我们利用可视化手段将调研结果变得形象生动；要求我们通过逻辑严密的论证和一针见血的洞察，将所有的调研进行串联，为其他人的行动提供指南。

这些目标的实现与团队成员的通力合作密不可分。多样性不仅有利于输入，也可以帮助我们更好地输出。注重细节的成员也许可以发现一些其他人没有察觉的规律；敢于冒险的成员可能会开启一些其他人觉得过于进取的合作；内向的成员也许可以看见一些外向者看不见的潜能；而有时让所有人都停下脚步的警告信号却可能被领导者所忽视。信息的整理并不需要遵循严格的计划，只需将文字转化为故事，将数字转化为资产。处理得当，这些可交付的成果就能帮助我们化敌为友、化解冲突、扩大共情和赢得支持。理想情况下，它还可以让所有人团结一致，沿着同一路径共同前行。

模型和可视化

模型和可视化能够以比文字更快、更清晰的方式传达信息，帮助利益相关者在思考时打破预设立场和传统假设的限制。将复杂的分析或详细的访问转化为可视化形式，可以激活大脑的模式识别能力，将从外界接收到的信息与脑海中储存的内容进行关联。尽管这一行为也可通过计算机完成，但人类在这一方面无出其右，将信息可视化后更是如此。

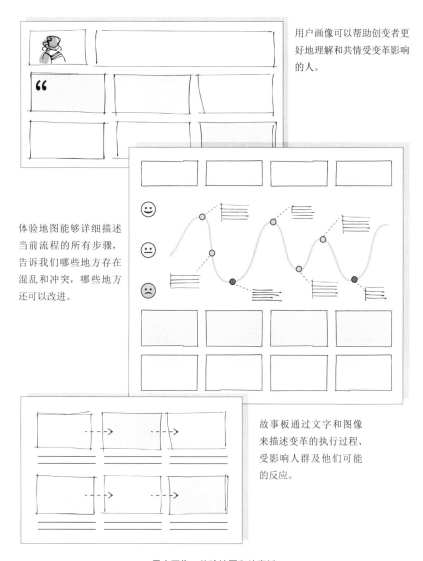

用户画像可以帮助创变者更好地理解和共情受变革影响的人。

体验地图能够详细描述当前流程的所有步骤，告诉我们哪些地方存在混乱和冲突，哪些地方还可以改进。

故事板通过文字和图像来描述变革的执行过程、受影响人群及他们可能的反应。

用户画像、体验地图和故事板

变革倡议中最具影响力的可视化工具主要有以下 3 种：用户画像、体验地图和故事板。用户画像是对具有相似行为和信仰模式的人的简化表达，是对这些人共有的关键特征、目标、攻击和挫折的总结。当他们不在场时，描绘精准的用户画像可以成为他们在讨论中的"声音"。在变革倡议中，用户画像可以帮助其他人理解和共情那些受变革影响的人。

体验地图是以视觉化的形式描绘人们完成某项任务或经历某种体验的各个阶段。它代表了人们在完成某项活动时共有的行为模式和情感体验。在变革倡议中，体验地图会详细描述当前流程需要进行的所有步骤，告诉我们哪些地方存在混乱和冲突，哪些地方还可以改进。

故事板通过文字和图像来描述变革的执行过程、受影响人群及他们可能的反应。它将变革以精简的方式进行呈现，帮助人们更好地理解。无论是 2×2 矩阵、流程图还是线框图，这些工具都很好地帮助我们将数据和洞察转化为利益相关者易于理解和遵循的概念，使调研结果及其相关选项变得简明易懂。

确定选项

调研过程中最困难的转折之一，是要停止假设并做出结论。人们总是会担心有什么东西被遗漏，又或者如果有更多的时间一定可以做得更好。但是，过度思考和简化思考一样有害。创变者通过将焦点转移到流程的下一步来开启转变之旅，带领团队将调研的结果作为创造共同愿景及相关原则、优先项和项目的重要参考。通过将调研结果和结论结构化，形成由以下 5 个部分组成的框架，为流程的下一步提供支持。

总结问题或契机：最初假设的问题或变革契机是否准确，以及是否需要修正？在调研过程中发现初始假设并不准确的情况，也并不罕见。某组织可能最初以为问题出在入职流程上，后来才发现真正的问题是技术不足。又或者，他们以为自己面临的挑战是改善社区成员见面和互动的方式，但随着时间的推移，维持空间的安全性也同样迫切。

解释问题或契机的成因：造成这一问题的根本原因是什么？为什么会发生这种情况？这些问题的答案非常关键，因为所有的解决方案都是对问题成因的呼应。技术不足是由于资金稀缺还是对需求的关注不够？安全如此重要，是因为确实感到威胁还是仅仅出于群体价值观的考量？

描述受影响人群：谁将受到问题及其解决方案的最大影响？谁将受到直接影响，谁又将受到间接影响？例如，在改革销售流程的过程中，销售代表可能会直接受到影响，而 IT 人员则可能会受到间接影响，因为他们需要为系统提供支持，为员工提供培训。此时，用户画像将再次派上用场，帮助我们了解生活或工作即将受到改变的人群、他们的需求和期望，以及他们对于改进措施的具体看法。

确定痛点和障碍：人们为何抗拒变革？改进或转型在哪些方面的影响可能最大？这些信息可以帮助我们确定解决问题的顺序和具体的时间，提醒我们哪些地方可能需要更多的时间，还可以揭示事物之间的相互关系，例如，新技术在通过减少人工劳动解决既有问题的同时，又通过需要更多培训过的管理人员创造了新的问题。这时，可以借助体验地图将复杂抽象的信息转化为视觉流程，标记流程在哪些地方开始变慢或陷入混乱，时间在哪些地方被白白浪费，或者人们如何变得脱节。

提供可能的解决方案：有时，在调研结果非常明确的情况下，我们会得出唯一可行的解决方案。但更常见的情况是，根据组织对风险的容忍度、可用资源和战略偏好，会有好几种可能的选项。要构建一系列的可能选项，最简单的方法就是先"什么也不做"（这是一个任何时候都值得考虑的动作，哪怕仅仅是提醒我们变革为何势在必行），然后提供一系列更重要的解决方案，最后再诞生一个突破团队想象的点子。这一部分的目标并不在于规定变革应该要有什么样的愿景，或者团队应该采取什么样的行动，而是展示变革的潜力和可能性。

要让这个框架及其 5 个部分产生影响，就必须将它设计成一个故事。好的调研叙事能够让人类的需求和欲望与组织的目标相互关联。它浅显易懂，并且向我们解释了什么事情是重要的，以及它们为何重要。它不仅能够准确传达调研的结果，还能促进互动和鼓励分享。精心设计的故事会被反复讲述、传播和评论，因为这就是人类的天性，正如设计战略师莎拉·布鲁克斯所提醒的：

> 人类以故事的形式进行思考。激励我们的深层动力是我们内化为"事物本质"的神话和世界观。要改变我们的行为，就必须了解行为背后的故事。这也是我们唯一能做的。

恰到好处的调研叙事可以成为在今后的讨论和决策中被不断提及的宝贵资产，为团队提供了可以根据具体的沟通需求任意缩短或延长、有的放矢或广泛传播的素材内容。

沟通技巧

调研结果的传达方式很大程度上决定了利益相关者和其他受众成员的感受和反应。一种较为常见的操作是做一份充满各种图表、表格和小号字体的幻灯片。这种方式可以让那些愿意阅读幻灯片的人了解项目的最新进展，突出富有前景的想法或者洞察，但却并不利于及时反馈——这一点非常重要。虽然有些情况必须使用电子邮件，但更多时候，档案和路演是更具互动性和说服力的传达方式。

档案：仔细研究调研结果并从中提取意义，对所有利益相关者来说都是有益之举。其中最简单的方式就是，通过可视化的档案展示所有相关的文档和可交付的成果。从私人或者未知的服务器上获取大量杂乱无章的数据是对时间的浪费；相反，将信息以结构清晰的方式展示在可视化的环境中，能够有效地帮助利益相关者理解这些信息的意义和影响。

理想情况下，应当有一个专门用来展示关键信息的"作战室"（war room），无论是物理空间还是虚拟空间——比如数字白板。无论信息以什么样的方式组织和展示，主导原则都是要确保其可及性和简洁性。这一阶段并不适合引入新的技术，也不建议分享复杂的分析或发布晦涩的图标。使用最简单的形式和最常见的技术，可以让焦点始终聚集在信息本身，让数据来说明一切。

设计良好的信息档案可以为变革倡议的所有讨论提供背景，同时也让新人对项目进行快速了解。此外，其存在本身就足以让人感受到整个流程的诚实、透明和开放。

路演：路演能够让档案从幕后走向幕前，为观众带来"实时"的数据演示，同时接受观众的反馈。路演的价值不仅在于展示团队的收获，也在于围绕这些收获展开的讨论。这种互动虽然有时难以管理，但是可以帮助我们发现具体论点或方向的更多优缺点，以及潜在的阻力。

通过可视化和故事化等手段使数据变得易于理解，能够带来极大的优势。无论是以现场发言还是视频转播的形式，来自利益相关者的反馈通常都能有效地引起大家的注意，并形成一定的影响。根据摩根大通商业银行首席设计官山姆·严的回忆：

> 受命担任首席设计官后，我曾有幸负责开展开发者动员大会。我需要面对坐在曲棍球场内的一万名开发者进行演讲，时间大约是 35 分钟，演讲的主题是用户体验的改革如何关系到企业的存亡。于是，我决定邀请一位在我们公司排名前三的国际客户，他曾对我们的用户体验表示极度不满。我给他 15 ~ 20 分钟的发言时间，让他毫无顾忌地畅所欲言。于是，他当着一万名开发者的面，痛斥了我们所有人，向大家陈述我们的体验有多么糟糕，还举了一些具体的案例，"这是你们要求我完成的 20 个步骤。"这一举措大获成功。会议结束后，许多员工主动找到我说，这位客户的言论让他们感到无地自容，并承诺以后会做得更好。

路演不仅可以成为粉丝的聚会，也可以为批评者提供发言的平台。尽管忽视批评的想法总是十分诱人，但这些批评有时也会成为苦口的良药，就像力量训练一样，虽然过程充满痛苦，但却可以令人获得肌肉。勇敢地接受批评和反对意见，往往也会让利益相关者作出类似的反应。你会发现他们开始倾听，而不再只是一味地反对或批评。

玛丽亚在 Autodesk 特拉维夫办事处进行多城市路演。（图片提供：维吉妮·加布拉）

　　尽管可能性的探索是变革过程中较为复杂和具有挑战性的阶段，但其目标至关重要。它是整个变革流程的引擎，能够告诉我们具体哪些部分需要改变，而哪些部分可以维持不变。它帮助我们培养和发展共同的愿景，以及为这些愿景提供支持的设计原则。它的作用并不在于确定某种愿景，或引起恐惧和迟疑，而是建立信心、发出警告和激发创意。

要点回顾

前期调研可以提供信息、明确定义和激发灵感

前期调研可以帮助创变者找出可能存在的障碍、陷阱、正道和歧途，

让团队深入了解组织的运作方式和运作背景。它将利益相关者的世界观囊括其中，因为他们通常对变革倡议的相关问题最为了解。

先广泛探索，再深入钻研

设计调研的方法往往倾向于求全，首先大量搜集最为有用、有关和有效的信息，然后深入挖掘最具潜力的洞察。

访问多样性

由于变革倡议涉及的利益相关者多种多样，因此，与各种类型的利益相关者进行接触也非常重要，尤其是那些受变革影响、能为变革做出贡献及希望持续了解变革动态的人。

可视化

使用可视化工具将数据和洞察力转化为能够被利益相关者迅速理解和关注的概念。

分享经验

好的调研叙事能够让人类的需求和欲望与组织的目标相互关联。它不仅能够准确传达调研的结果，还能促进互动和鼓励分享。

延伸阅读

《更好的数据可视化：学者、研究人员和书虫的学习指南》（Better Data Visualizations: A Guide for Scholars, Researchers, and Wonks），乔纳森·施瓦比什，哥伦比亚大学出版社，2021 年。

《集体错觉：关于从众、共谋以及决策失误的科学》（Collective Illusions: Conformity, Complicity, and the Science of Why We Make Bad Decisions），托德·罗斯，Hachette Go，2022 年。

《非理性思维的力量》，尼尔·伯顿，江苏人民出版社，2023 年。

《想像未来》（Imaginable: How to See the Future Coming and Feel Ready for Anything—Even Things That Seem Impossible Today），简·麦戈尼格尔，Spiegel & Grau，2022 年。

《研究设计：质化、量化及混合方法取向》（Research Design: Qualitative, Quantitative, and Mixed Methods Approaches），约翰·克雷斯韦尔 / J. 大卫·克雷斯韦尔，学富文化事业有限公司，2011 年。

《思考如何超越思考》，安妮·墨菲·保罗，浙江科学技术出版社，2023 年。

《重新思考：知所未知的力量》，亚当·格兰特，中信出版社，2022 年。

第十章 展望成果

展望成果是指描述未来的可能性，以及如何将可能变为现实。它需要所有利益相关者和团队成员的共同努力。它通过吸收发现阶段性的成果，从中筛选出有用的部分，然后找出一条可行的道路。它向我们展示了未来的种种可能，但并不明确具体的细节。它能很好地平衡变革契机和组织要求，讨论、构思和定义前进的方向。

传统的展望策略总是高度量化而详细的，通常是由咨询公司或一小群分析师制定的各种蓝图、五年计划和财务预测，而非某种概念或设想的状态。这些文件事无巨细地描绘了所有应该发生的事情，几乎没有留下任何随机应变的空间。尽管文件的厚度也许代表了研究的扎实和思考的深度，但所有曾经试图以这些标准策略文件为行动依据的人，都会很快发现一个它们共同的重大缺陷——太过精确，以至于没有任何偏离的可能。然而，在这个不断快速变化的世界里，只需几个月，固定的计划就会成为累赘。

另一种选择——在没有明确预期的情况下继续前进，对未来的一切变化保持开放，同样充满局限。没有导航，团队就会迷失方向，也无法对目标的达成做出准确的衡量；团队成员会感到迷茫，不确定自己的努力是否还有意义；利益相关者也会因为无法对过程进行监督和对结果作出客观的评估而感到焦虑。

接下来，设想一种介于二者之间的变革——对未来有明确的预期，但没有具体的条例。它为我们指出一条改变当前行为或培养新行为的路径，同时也为随机应变保留足够的空间。它以普罗大众为沟通对象，既高屋建瓴，又细致入微。作为以跨功能专长为依托的合作，它兼具头脑风暴的原创性和决策制定的务实性。只要执行得当，它能为我们描绘一个同时具有吸引力、可行性、激励性的共同愿景，从而获得组织上下所有人的理解和支持。

凯文·贝修恩

dreams · design + life 创始人
兼首席创意官

有一次，我受邀参加他们的早期团队，致力于为耐克创造下一代的产品愿景。我们打算将这一极富吸引力的愿景推销给各大企业，让人们接受这种新的产品创造方法。我们希望推动精益理念在产品构思过程的早期阶段被采纳，以及数字化创作在传统拟物创作过程中的应用，并最终生产出令人惊艳的产品，感受到变革带来的种种裨益。

这听起来都很不错，但实际上，我们不得不告诉设计师，他们和实体样品打交道的机会可能会变少，我们的日程安排也会变得更加紧凑，而这些都会让人感到不适。我们曾经在展示愿景时操之过急，既没有意识到过渡管理在变革动员过程中的必要性，也没有意识到，我们必须为目标团队提供足够的自由度，让他们对愿景的塑造发表自己的看法。

我们只是一群抱有天真幻想的乐观主义者。直到我们向企业推销我们的愿景，才开始有人对我们说："好吧，这很酷，但你有什么资格来描绘这个愿景呢？更重要的是，你有什么资格来指导我们应该怎么做？"他们确实有资格这么说。我们并没有意识到变革的艰难。

设计未来

在设计项目中，构想是一个高度生成式的过程，它诞生自共情、洞见、权衡、明智的冒险和创造力，从过往的研究和经验中汲取灵感但又不限于此。在构建愿景的过程中，需要考虑到组织的规范和传统、对变革的兴趣，以及所有显而易见的"未知"。其结果通常表现为概念、线框图和原型等形式，向人们展示未来的种种可能，但并不明确具体的细节。愿景是一个高屋建瓴的概念，可以推动一系列相关的小型项目、倡议或原型，让它们经过不断地测试和迭代，最终成功运行或被更好的想法取代。

愿景

正如前文所说，变革倡议通常以变革指令为起点，宣布具体需要改革的地方。而"愿景"描述的是变革的结果及其重要性。我们以一种让组织或社群易于理解和接受的方式，将驱动变革的抱怨或担忧重塑为解决方案。例如，宣布组织进行筹款方式改革的变革指令，其愿景也许可以总结为"我们是联合者，致力于在捐款人与被捐款人之间建立连接。我们相信，简化透明的筹款流程将使所有人受益。"呼吁更新销售流程的变革指令，其愿景也许是"以最高标准的专业、诚信和伙伴关系，为客户提供全球领先的福利和服务"。

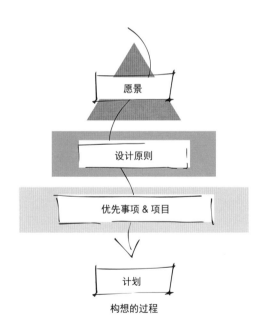

构想的过程

尽管有人对此不屑一顾，认为这些只是欲盖弥彰的内部宣传或口头承诺，但构思缜密的愿景的确可以帮助我们凝聚支持，获得利益相关者的关注，并使他们在变革遭遇阻力或忽视时依然保持关注。它如同一颗"北极星"，激励和鼓舞所有人齐头并进。它通过捕捉变革过程中的人性价值，为利益相关者创造目标和意义。它能让所有人看见自己在变革中所扮演的角色，以及自身贡献在变革中的重要性。它通过拓展组织的能力和形象，为我们提供了一个理想的终极目标，帮助利益相关者跳出当前处境来思考问题，并在以后的时间里不断塑造和指引大家的行动。

设计原则

设计原则是变革倡议的路标和护栏。它能解释愿景的实现方法，厘清共同价值，详细说明重要的限制条件，强调关键目标。它并非空洞的理论或普适价值，而是与实际处境息息相关，能够具体入微地对行为产生真实的影响。这种具体化能在决策的过程中提供很大的帮助，尤其是在愿景不够明晰的领域。

设计原则详细阐述了愿景所蕴含的行为和动机，为变革设定实际的期望，有助于让愿景贯彻如一。正如前文案例所示，愿景可以通过描述筹款流程简化以后，捐款者将如何更直接地与他们关心的问题建立连接，从而激发人们的热情。与之相关的设计原则可以为愿景的发展提供指引，告诉我们变革的重要事项和影响。就筹款流程这一案例而言，其设计原则可归结为以下几点。

将捐款者的需求放在第一位。

在捐赠者与接受者之间建立连接。

简化连接过程。

对所有付出表示认可和感谢。

建立灵活性以鼓励适应和成长。

简明扼要。

设计原则不会非常详细地罗列团队的必要事项或行动时间，这些属于优先事项、项目和规划的范畴。但是，它会明确哪些方向可以接受，哪些方向无法接受。它在整个变革过程中发挥着检查员的作用，确保团队行动与变革愿景始终保持一致，没有偏离正轨。与此同时，它也是灵活性的象征——如果团队需要改变原本的计划或优先事项，又或者发生了一些其他的冲突，设计原则可以帮助厘清当务之急。

分布式创作

调研的成功可以通过工作的深度和广度及尽职调查来进行评估，而构想所涉及的辩论、想象力和冒险，都很难有明确和严格的评判标准。但构想的过程却充满力量，它能凝聚和激励人心，使人充分参与其中。因此，尽可能地扩大构想活动的参与基数，能为变革带来很大的帮助，尤其是当参与者们各自拥有不同的职能、观点和经验时。

多样化的思维不仅能够带来更好的解决方案，也能为我们赢得广泛的支持。邀请他人参与愿景的构建过程，可以让他们感到自己的观点和贡献是有价值的，让他们体会到寻找让所有人满意的方案是多么不容易，同时也让他们留意到那些不容忽视的细微差异和必须解决的冲突。当成果诞生并被广而告之以获取进一步的反馈时，他们与项目的关联性便得以确认，并终于成为团队的一分子，共同推动变革倡议的广泛认可。

和大多数生成式活动一样，这一阶段的启动也最好由一支小型的专门团队来负责，共同致力于创造一个解决方案或赋能概念，将调研结果、利益相关者意见和组织环境全部纳入考量。开诚布公的对谈和辩论可以在这一阶段发挥重要作用，但更多的是以合作而非竞争的形式展开，大家齐心协力，共同寻找变革的最佳路径。讨论可以暴露空白与不足；对观点的审视可以帮助我们发现冲突或障碍；真诚的对话可以增进理解和促成共识。"黑人领袖组织社区"（Black Leaders Organizing for

Communities，BLOC）创始人兼执行董事安吉拉·朗分享了自己与团队在这方面的经验：

> 星期六，我们邀请了一些社群的成员。我们区分了 10 个不同的话题领域，并告诉我们的大使团队如何促进小组讨论。每个小组负责一个不同的话题领域，围绕该领域进行头脑风暴，然后将所有想法记录在一张大纸上。你希望看到什么？有哪些方面想要拓展？哪些是你希望摒弃的？哪些是你想要捍卫的？他们将这些信息进行汇总，几个星期后，我们把同一群人又聚集在一起，询问他们："嘿，现在它写在纸上了。大家对此有何感觉？我们有没有遗漏什么？还有什么需要补充或改动的吗？"然后，我们作为一个社群团体对这份活动文件做出一致的批准。

这也许听起来像是一次有意思的团建，但实际上非常艰苦。整个活动的开启十分困难，因为除了变革团队，还需要不断吸引和维持其他跨职能部门的参与。这些人才的目光非常敏锐，喜欢解决那些既有一定难度又没有什么结构性障碍的重要问题。过程的愉悦度及既有解决方案的糟糕程度也可能成为他们的考量因素。如果该问题的重要程度不如预期，或者无法得到有效的理解，想要吸引足够的参与人数就会变得十分困难。

除了参与度，这种类型的探索还需要有效的管理。构想并非天马行空，不是所有观念都会被接受。虽然各种想法的提出都值得鼓励，但它们的后果也需要得到全面的审视。每一次行动之前，我们都应该问自己："这样做会有什么样的后果？"或者"这样的修改会引发什么样的反应？"这些问题的答案可以帮助我们确认既定的方向，或者提醒我们三思而后行。

随着流程的推进，小组开始需要提出战略性问题，通过精心的措辞引出高屋建瓴的解决方案，从而获得各类利益相关者的支持。比如，在试图优化其社群成员的见面和互动方式时，可以问"如何为社群成员的见面和互动需求提供最好的支持？"而不是"哪种技术可以为社群互动提供最好的支持？"在希望改进入职流程时，可以问"如何创造一个更加高效的工作环境？"而不是"如何解决入职流程中的这个问题？"

这也是我们再次进行偏见管理的最佳时机，也就是说，要避免局限于单一视角而忽视其他观点。偏见的存在不易察觉，但危害无穷，总在不经意间让谈话和讨论走入歧途。认识到偏见的存在，并有意识地接触更广阔的视野，可以起到一定程度的抑制作用。比如，团队在为寻找更好的异步合作方式而共同努力时，可以问自己，我们的出发点到底是技术优先还是考虑技术的使用者？团队在优化入职流程的时候，可以问自己，我们的共同愿景是否过度向入职者或相关负责人员倾斜？

在这一阶段，合适的人选和恰当的管理可以使创造力免受官僚主义、等级制度和刻板印象的影响，不断拓展和挑战常规，并最终通过明确的愿景和相关的支持原则，共同找到一条未来的可行之道。但是，创意与合作并非构想的全部。尽管已经有了前期的调研、聆听、分析和建模，摆在我们面前的仍然只是考虑缜密的猜测。完整的构想流程还需要团队进一步作出决策、承担风险和制订计划。

确定重要事项

这一阶段的构想需要更多的决策而非创造。比起跨职能的参与，对问题的了解程度和相关的专业技能成为更优先的考量。变革倡议的赞助者或支持者开始参与进来，提供更多的支持或调整努力的方向。这是一个相对理性的阶段，需要在不同的选项之间进行权衡，对假设进行剖析，然后确定具体保留和舍弃的部分。理想的指导原则是"英雄不问出处"，只以概念本身的好坏来决定取舍。不过，无论采取何种标准，最终的决策权都在团队手中。

与此同时，决定什么事情不做，也是制定可行方案的重要方面。有些想法虽然听起来非常振奋人心，但却并不值得大力推行。有时出于好意，让讨论被重要利益相关者的随机建议影响，或者让观点取代调研结果的情况也并不罕见。这些观点有些被证明是多此一举；有些尽管值得敬佩但却并不现实；还有些由于团队掌控范围以外的原因，并不适宜在特定的环境下执行。所有这些因素都应仔细考量，一些现有的标准也可以帮助我们作出决策。虽然根据不同的项目，这些标准之间各有差异，但是以下这些准则基本上所有构想成果都可以适用：

直接响应变革指令或任务。

能够解决研究利益相关者反馈中揭示的问题和后果。

能够提供清晰有用的指导。

关注对人们造成的影响。

切实可行。

除了评估不同的选项，这一阶段的构想还必须考虑风险的存在及其潜在的影响。调研利益相关者的反馈无法解答所有疑问。如果调研结果为我们提供了多种可行方案，该选哪一种更好呢？如果利益相关者喜欢探索新的选项，万一领导层变更，探索的偏好是否也跟着消失？技术的应用是否会让这些选项发生改变或修正？我们必须在构想的决策阶段明确变革倡议中无法避免的风险因素，列出未知的事项，并坦然承认："我们没有答案，但这是我们目前的推测。"

假设映射是降低决策风险的有效方法，这意味着团队要剖析他们对于拟定愿景可行性、持续性或合意性的所有假设。如果组织的愿景要首先考虑到捐款者的需求，那么支撑这一概念的关键假设可能是：捐款者的需求是可明确的；捐款者非常了解自己的需求；捐款者一定会认可和欣赏这一优先考量。

此外，二阶思维也是降低决策风险的有力途径，这意味着不仅要考虑行为的直接后果，还要考虑它的后续影响。如果组织的愿景是与捐款者建立连接，使筹款流程更加畅通无阻，那么该愿景的一阶效应也许是一个更好的筹款系统。相比之下，二阶效应可能还包括：捐款者期望有更加个性化的互动；筹款人感到自己的角色变得不那么重要，驱动力也开始减少；受捐者追问自己为何无法直接与捐款者建立联系，而是要通过中介。

这些显然都是思想实验，但我们可以利用这些实验进行概率判断，按照重要性和潜在的风险，对最有可能出现的结果进行排序。通过这一过程，以及对未知和风险的考量，还有筛选标准的应用，我们使愿景及其支持原则得以明确。紧接着，我们便可以对它们的细节进行更多的拓展，包括确定优先事项、分支项目和具体计划。

项目、优先事项和计划

变革的实施是一个不断迭代的过程，由用来测试特定功能或想法的小型项目（或"组块"）组成。优先事项、项目和计划决定了这些"组块"的具体内容、发生的顺序，以及需要的时间和资源。这些都是变革实施的具体细节，虽然比愿景和原则更加详细，但并非一成不变，而是在迭代的过程中被不断修改或重组。

项目是独立的小型变革或实验，结合起来形成更大、更全面的整体变革。比如，一个旨在优化组织筹款方式的愿景，其项目清单可能包括：

构建新的筹款流程，概述关键修订内容。

重组内部团队，使其与期望的结果保持一致。

评估可行的技术解决方案，并从中择优。

重新设计面向公众的网站和后端支持系统。

建立认可机制。

对筹款人员进行新系统使用培训。

向捐款者介绍新的帮助途径。

实际的列表可能更长、更详细，但其内容本质上都是团队为了解决当下的问题，找到可行的解决方案，而必须在某段时间内采取的行动。

项目的数量和性质取决于倡议的规模、团队和资源，行动的方法则主要依赖于逻辑、理性和时机。有时从终点开始是最好的办法。团队首先设想变革完成时的共同愿景，然后据此倒推实现愿景所需的步骤。因此，使愿景成为现实的每个里程碑，就是拥有自己目标和时间表的小型项目。

如果组织的愿景是简化入职流程，团队的任务就是详细描述简化的成果。他们描述的可能是一个更加自动化的流程，由专业人士提供支持，并为入职者提供额外的福利。然后，团队成员会对项目进行逐一审视，解决可能妨碍他们实现这一成果的所有障碍或空白。他们对项目的要求可能是仔细审查当前的行为，并找到更好的操作方法；或者审视和更新数据库技术；又或者是了解员工如何评估这些新的改进。这些小型的项目结合在一起，构成了实现愿景的基石。

如果组织的愿景不需要被拆分成更小的任务，而是需要以精准控制的方式逐步引入，我们就可以将这种方法理解为思考如何及何处获得"小型的胜利"。米内特·诺曼当年在 Autodesk 担任工程实践副总裁时就采取了这一做法。她的愿景是让公司采用 GitHub，但她没有将它作为强制性规定加以推行，她知道这样做一定会引起大多数工程师的抵制。相反，她选择先和公司里的一个小型产品团队合作，这些工程师对这个机会感到非常兴奋。通过让项目成为该小型团队的优先级，米内特不仅为自己免去抵抗阻力的困扰，还让自己拥有了一支和她同样渴望成功的合作团队。这无疑是一种事半功倍的做法。

她向全公司汇报该团队的进展，让所有人见证早期实验的成果。项目成功时，她会给予团队赞赏和奖励，让他们的努力被更多人看见。然后，她与另一支团队合作，继续下一步的流程。最终，公司的许多部门都接受了这一变革。她坦言，如果她一开始就试图将变革作为整体让全公司接受，而不是一步一步缓慢推行，成功的概率一定接近于零。

有时，项目的完成顺序的确像前面的例子一样，一目了然。有的项目需要等待其他项目的完成，有些问题的解决则迫在眉睫。但很多时候，我们无法拥有一个明确的优先级，而是面临许多不同项目同时请求我们的时间和注意，而我们并没有一个通用的原则来制定日程。这时，团队需要决定应该给予哪些项目最早期或集中的关注。项目的排序依据可以是规模或难度，也可以是利益相关者或组织的偏好。

影响矩阵（Impact Matrix）是一个可以用于辅助排序的经典框架，它通过将各个项目按照对组织的重要性和需要的工作量进行分类，来进行次序的梳理。当结果以 2×2 矩阵的形式呈现时，哪些项目是关键任务而非滥竽充数，哪些项目可以事半功倍而非劳而少功，就变得一目了然。由于项目的最终评判取决于受益者的反应，优先考虑事半功倍的项目是明智之举。

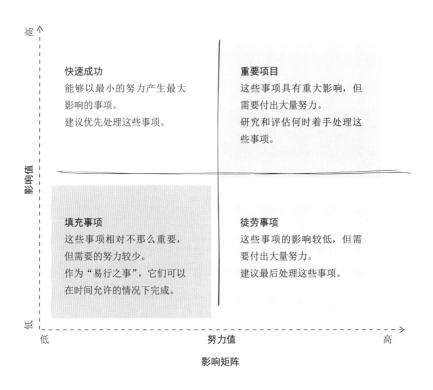

影响矩阵

由于利益相关者的反应是对项目进展和变革难度的初步裁决，早期的胜利可以增加项目的可信度，提高整个流程的势能和认受度，正如前Autodesk首席产品官兼联席首席执行官爱汉斯帕尔所言：

> 在进行重大变革之前，必须先取得小型的胜利。如果想要推动持久的变革，就必须将它分解成3～4个步骤。尽早开始变革行动，可以让你在意外发生的时候，仍然可以撤销重来。先在一件事情上取得胜利，然后以此为契机，推动更多项目的成功。这样就会慢慢建立起大家对变革的信心，并逐渐形成一场文化上的变革。

计划是优先事项和项目的产物。它们将项目清单和优先事项按照时间顺序进行排列，并确定具体的执行人选和行动资源。此外，它们也帮助我们明确成功的定义到底是固定不变还是充满弹性、具体有什么指标，以及下一步该做什么，并详细说明了团队的任务和可交付的成果。它们是填满日历和待办事项的具体细节，是帮助我们实现最终愿景的底层目标和日常行动。

具体而言，花时间定义、优先考虑和规划项目，实际上是为了防止团队过度进取。过早地承担过多的任务，是许多创变者常犯的错误。项目的存在可以帮助他们设定明确的界限，优先级的划分可以将团队和利益相关者的期望保持在合理的范围内。优先级的划分除了必须和组织的需求与期望保持一致，也需要为变革团队提供保护，正如 Google 广告和商业用户体验副总裁凯瑟琳·卡里奇所说：

> 人手短缺是一个始终存在的根本问题。所以我们必须认真设立优先等级并坚定信念，抑制内心想要一蹴而就的冲动。由于优先事项一直在变，因此我们需要在极度专注的同时，始终保持随机应变的弹性，这绝非易事。不过，随机应变并不等于加大自己的工作量。个人而言，我宁愿精挑细选，然后一鸣惊人，否则只会让自己筋疲力尽还一事无成。

沟通技巧

愿景的沟通并不仅仅只是简单的信息传递，更多的是一种复杂的社交。它需要我们为变革辩护、传达愿景、与人们进行面对面或在线交谈、解答各种各样的问题和关切。在这一阶段，档案和路演仍然是极具影响力的推荐方案，视觉沟通也依然重要，但在吸引和激励支持方面，语言变得更加关键。比如，在解释变革倡议时，"创造更大的协同效应"也许会比"消除冗余"或"减少开销"让人更加容易接受。这并不意味着给予任何人欺骗和隐瞒的权力，而是进一步强调通过精心的措辞，准确传达变革愿景完整意图的重要性。

Expedia 设计实践管理副总裁道格·鲍威尔也曾提出同样的观点，他认为，有一个词最能体现愿景的本质：

> 当我回顾我们在 IBM 变革之旅中曾经达成的目标和采取的行动时，我发现，它们都源自同一个使命——创造可持续的 IBM 设计文化和思维。"可持续"这个词非常关键，它意味着我们不仅仅是为了当下的变革，也不仅仅是为了创造一些可以在 6 个月、12 个月甚至 3 年内衡量的条件。我们是在进行一些长远的发展，做长远的打算。

我们可以选择对愿景的细节进行长篇大论，但更聪明的做法是将其浓缩成像"生死攸关"和"传播有价值的思想"这样简洁有力的口号。这些简短的宣言不仅激励人心，同时也传达了变革的核心理念。将愿景浓缩成一句简单易记的短语，可以让倡议在所有人的脑海中留下深刻的印象。

另一方面，由于设计原则通常用于在规则不够明确且难以抉择的情况下，为行动提供向导，因此它们通常会比愿景更加详细。实际上，它们也需要有一个更加精简和视觉化的呈现，从而更高效地传达设计的意图。

一些设计工具可以有效地帮助新愿景的沟通。如前所述，故事板是一种通过文字和图像描述变革的执行过程、受影响人群及潜在反应的技术。

它可以帮助我们阐明无法通过对话和简单描述表达清楚的挑战和后果。此外，海报和信息图表等极具冲击力的视觉表达形式，也可以生动形象地描绘变革对于组织的意义。调研过程中的用户画像和体验地图也可以再次利用。对于特定的受众，还可以采用效果图、看板框架、路线图或流程图等更为详细的视觉形式。

这些工具和技术可以有效地帮助我们在全员会议上与利益相关者交流愿景，帮助他们了解和内化这些新的思想和成果。这些活动的目标是培养对愿景及其设计原则的理解和支持，解释优先事项、项目和计划。在理想情况下，这些沟通可以通过展示愿景恰合时宜的理由、实现更优结果的方法，以及具体变革的时间和地点，来获取大家的认同。如果过程以跨职能协作的方式进行，利益相关者就会看到他们的努力，并认可这一阶段的共享属性。

然而，愿景的传达并不代表变革的胜利或结束，恰恰相反，正如米内特在前文所说，它是一系列实验、试点和原型项目的开始。这些项目可能成功，也可能失败，但大多数项目都处于二者之间。构想的过程可以为后面的活动按下引擎并指引方向。

要点回顾

展望成功

展望成功是指描述未来的可能性及如何将可能变为现实。它需要所有利益相关者和团队成员的共同努力。

设计原则

设计原则详细阐述愿景所蕴含的行为和动机，为变革设定实际的期望，有助于让愿景贯彻如一。

权衡取舍

决定什么事情不做，也是制定可行性方案的重要方面。有些想法虽然听起来非常振奋人心，但却并不值得大力推行。

确定细节

优先事项、项目和计划决定了行动的具体内容、发生顺序，以及需要的时间和资源。

延伸阅读

《可设计的增长：管理者的思维设计工具箱》，珍妮·丽迪卡/蒂姆·奥格尔维，机械工业出版社，2016 年。

《好战略，坏战略》，理查德·鲁梅尔特，中信出版社，2017 年。

《原则》，瑞·达利欧，中信出版社，2018 年。

《*Project Management All-in-One For Dummies*》，斯坦利·波特尼，For Dummies 系列丛书，2020 年。

《*Start with the Vision: Six Steps to Effectively Plan, Create Solutions, and Take Action*》，史蒂文·沙伦伯格/罗伯·沙伦伯格，Star Leadership LLC，2020 年。

《创造力觉醒》，娜塔莉·尼克松，中国人民大学出版社，2022 年。

《五步掌握商业战略的艺术》《*Your Next Five Moves: Master the Art of Business Strategy*》，帕特里克·贝特-大卫，Gallery Books，2020 年。

第十一章　迭代试错

复杂的问题无法通过线性的流程来解决。无论问题还是解决方案，都只能作为整体来对待，无法进行分解。与此同时，它们总是在以一种不可预测的方式不断演化。史蒂夫·乔布斯——这位大多数人眼中能够将愿景点石成金变成独特产品的旷世奇才，比任何人都更加了解这一过程的复杂性：

> 从绝妙的想法到伟大的产品需要有出色的技艺保证。随着我们推进这个绝妙的想法，想法本身也会发生变化，不断成长。它不会一成不变，随着想法得到细化和完善，我们会了解到更多的东西。而且，我们会发现必须要作出很多折中和取舍。

在一个多元而又混乱的环境中，想要解决复杂问题和推动持久变革，需要不断地试错和利益相关者的反馈。团队在实验和学习的过程中，可能会遇到意想不到的阻力和必要的权衡，因此，愿景可能会被继续优化，设计原则可能会发生改变，倡议可能会被重新审视。只要采取正确的心态和流程，这些都不是失败的标志，而是提示我们需要改进的地方和改进的方法。

有些人可能更喜欢具体的目标或确定的结果，然而，变革倡议必须平衡矛盾的需求、聆听不同的反馈和不断考虑其他限制条件，因此这样的期望并不现实。只要定义清晰且执行得当，迭代式的开发可以帮助我们追求进步而非完美，为实现持久变革创造可能。

迭代式开发

迭代式开发是一个从容易管理的小型尝试，到分析结果，然后根据相关信息作出调整的循环过程。每一次的迭代都能为团队提供新的信息，并不断改进设计的质量、功能和吸引力，直到得出理想的解决方案。这种非常实用的低成本试错方法，常被应用于设计和软件开发。尽管它适用于变革的任何阶段，但通常在早期阶段最有成效。它可以聚焦单一的变量、特征或元素，和 A/B 测试一样，让不同的选项相互竞争，然后选出最后的"赢家"。

这些实验的规模和属性取决于具体的倡议、团队和资源。如果创变者是孤军奋战且资源有限，实验的规模就会相对较小。如果时间比较紧张或者面临的挑战比较复杂，规模就必须相应扩大。在理想情况下，这些迭代应该是所有人都可以看见和关注的公开实验，而非秘密活动。这并不意味着要将它们置于聚光灯下，只是秘密行动会伤害信任和引起质疑。

无论迭代的规模、复杂度和可见度如何，其过程始终遵循同一模式：测试或试行变革、获取反馈、做出修订、再次测试直到结果令人满意，足以将实验向更多的群组或更重要的环境推广。

试行与转型

"试行"意味着在投入更多开发之前，以初步的形式或有限的实例测试某项工作能否达到预期的效果。这是初创企业和许多类似企业的标准做法，它们往往希望承担一定的风险，但又不想因此全盘皆输。于是，它们通过谨慎试行来避免重大失误、明确愿景和确认假设。

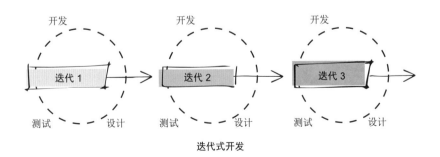

迭代式开发

　　试行的第一步，是将构想的项目分解成独立的实验或者拥有独立目标的单个项目。比如，组织在试图简化入职流程时，可以创建多个试行项目，以测试变革的不同方面，无论沟通、追踪、小型重组还是新的规划方法。每一次的试行都能为变革提供新的信息，并共同塑造出最终的结果。

　　试行可以帮助我们更好地作出决策，尤其是在利益相关者无法就接下来的工作如何开展达成共识，或者缺乏足够的信息来执行特定解决方案的时候。它们不仅可以帮助我们尽早发现无人察觉的问题，以便及时解决或避免，还能为我们争取利益相关者的支持和参与。试行的临时属性也使其成为一种相对温和的变革实施方式，让人不必担心造成永久性的破坏。一旦实验失败，解决方案也会重新修订。在效果不如预期的情况下，试行也会调整或暂停。这些特点让它们成为最简单的分歧解决方案，对此，斯坦福大学讲师克里斯蒂娜·沃特克解释道：

　　　　有一次，我和一位产品经理共事，当时我心里有一个完美无瑕的设计，那位产品经理则希望可以效仿 Google。他和我争得筋疲力尽，眼泪呼之欲出。然后他问："能不能就试一下我的想法？"我心想，如果我连试都不愿意试，对他也太不公平。我太着急于将他说服，却一直没有聆听他的想法。于是，我同意了。试完之后，他看了看自己的成果，再看了看我的，开口问道："还有什么折中的方案吗？"这时，我意识到，我的主动倾听也给予了他聆听我的想法的许可或空间。

　　迭代式开发好处众多，导致人们常常忽视了它的主要缺点：对开发过程的过度低估。大多数人只有在被厘不清的细节、完不成的任务和负面的反馈搞得焦头烂额时，才会发现原来迭代开发如此艰难。变革倡议总是有大量等待我们尝试、评估和修订的变量，而实验有时会将我们带入一条死胡同，导致我们不得不重新开始；一个变量的成功实验，也很有可能会因为另一个变量的失败实验而陷入危机；得到的反馈可能充满分歧或矛盾。整个过程就像面对许多移动的碎片，而每一块碎片都值得我们关注。实验内容、效果、反应和修正情况的追踪，需要由团队中最有组织能力的人全职负责。

试行项目的另一个棘手之处在于，环境的设置需要尽可能地接近现实。试行环境越逼真，试行结果也就越可靠。比如，现在许多 Web3 社群试行项目提供物质等真实的激励条件，其结论就比许多计算机建模的类似项目准确得多，因为它们考虑了人性这一难以模拟的变量。逼真的实验条件可以帮助我们得到更加细腻、准确和适用的实验结果。

实施方案

人们真正想要的，并不一定就是他们以为自己想要的。这并非出于信息的匮乏或故意误导，而是因为人们往往很难想象复杂问题解决方案在实际生活的真实应用，而具体的实施又往往不如理论一般无懈可击。有时方案本身也会带来新的问题；有时结果并不能平等地使所有人受益；有时方案只在某些条件下适用。对大多数人来说，这些变量过于繁杂，导致他们无法做出充分的评估，只有置身于真实的环境才能做出反应。但真实的环境往往代价高昂，且在测试和实验的早期阶段难以实现。这时，原型也许是一个次优选项。

原型是对事物的粗浅描绘，通常用于解释特征、测试可行性或吸引力。圆形在挖掘潜在需求或恐惧方面十分有效。它通过将抽象的想法变成现实，激发更多真实的反应。此外，正如设计主管戴夫·霍弗及其团队所示范的那样，它也能够帮助建立信任，减少阻力：

> 我们团队夜以继日地工作，齐心协力地拼凑出这个疯狂的原型——一个移动应用中的 70 个屏幕。这是一个非常完善的原型。大家还没有真正拿到手里的时候，一切都还显得有些抽象。尽管具体的细节都经过了认真的讨论和白板记录，并以图表和 PPT 的形式呈现；所有文件都数据翔实，用心良苦。然后，他们在看到原型那一刻，终于眼前一亮："哇，你们把它做出来了。

这真是太棒、太神奇了。"这是很高的评价,中层管理人员也终于让步,并且表示:"现在我们终于明白,你们所说的东西有多么强大的力量,以及你们如何将它应用到了这个项目之中。"

一开始想法或物件的原型制作通常尽可能地采取较为粗略的手法,例如一幅草图或一个大致的概念,然后根据每一次测试的结果不断完善,增加功能和细节。这是一个艰巨的任务,但是也可以借助一系列的工具使操作更加便捷。变革倡议的原型制作主要取决于测试的内容。比如,公司的目标是改善创新流程,那么一个比较简单的办法就是让一个团队测试新的方法,然后将其与延续传统方法的团队进行对照;又或者利用两个月的时间让几个团队同时尝试新的方法,然后将每个人的测试体验与之前的传统经验进行对照。

原型也可以作为最小可行性产品(MVP)来开发。MVP 是功能齐全的原型产品,但是只有一些能够证明其可行性和吸引力的基本特征。如果构想的变革需要依赖某项新的应用或工具,这种方法十分实用。如果团队正在测试如何使销售流程现代化,手动更新的仪表板原型就足以帮助他们收集初步的反馈。如果没有事先了解其最佳用途,就贸然投入成本和精力去开发一个功能完善的仪表板,可能会失败而归。

对设计师来说,原型制作是一种思维方式。通过制作原型,他们的想法和概念变得更加具体,以便进一步完善或重新构想。他们可以利用收到的投诉或抱怨,来改进下一个版本。

确定正确的方法

由于试行项目和原型制作的重点是测试受众反应,因此,经常和受影响者进行沟通并收集反馈是这一过程的关键。在测试的初期阶段,完全成功的例子非常少见。大部分反馈可能聚焦于失败的原因、如何改进,以及有哪些意想不到的问题。过程虽然看似痛苦,但如果能够带来改进和提高，那么结果也算不错。

设计师在初期通过一种名为"评图"（Crit）的过程来收集这种反馈。评图时，设计师将自己的作品展现给一群比他们更有经验的专业人士，然后由这群专业人士指出他们眼里这些作品的优点和不足。成功的评图最后一定会有一场集体讨论，大家集思广益，思考如何让设计变得更好，而非简单地评判好坏。除了一些保护设计师自信心和自尊心的基本原则，大部分的批评都会十分残忍。当你为一个项目付出了好几周甚至好几个月的努力后，结果听到"我不确定你想要传达什么"或"这和之前做过的项目没有太大区别"这样的评论，内心可能会非常沮丧。但学习接受别人的反馈，听取不同的意见而不因此气馁，可以帮助设计师增进技能和培养韧性，使每一次的评图都比上一次更易应对、更具互动性和更有帮助。与此同时，它也让接受意见的人明白，反馈的最大意义在于揭示意见给予者的观点。无论这些观点准确与否，其重要性都不容低估。

接受反馈

在这一阶段，从实验或原型的受影响者那里获得积极的反馈至关重要。征集的途径有很多，在构思和执行良好的情况下，选取一部分利益相关者进行简单的访问可以达到很好的效果；在目标明确的情况下，简短的问卷也是一个不错的办法；将参与者定义为项目执行的"专家小组"，并邀请他们参加每周一次的小型反馈会议，成效十分显著。虽然尽量采用简单的办法是一条非常重要的原则，但更重要的还是保持反馈的诚实与相关，以及团队成员对待反馈的态度足够认真。

我们应当鼓励利益相关者坦诚分享他们的个人观点，解释哪些方面行之有效，哪些方面不太满意；同时也鼓励他们给出修改意见，尽管大部分人也许有心无力。此外，还应制定一些基本规则，以保护所有参与者的心理健康，如，对事不对人、先说优点再说不足等。

游戏的引入可以有效增加反馈过程的趣味性，让大家不仅能够享受整个过程，同时也能帮助所有人更好地理解项目的背景，从而提高信息的质量。例如，测试安全系统时采用的红蓝对抗策略，同样可以用来测试原型的优势和劣势。由利益相关者组成的红队负责攻击原型，而另一队（蓝队）则负责防御这些攻击。如果同时存在多个原型，则可以通过"假装风投"的游戏来增加反馈的真诚度。利益相关者需要选出他们心中可行性和趣味性最高的原型，假装投资 100 万美元，并且需要详细说明该原型吸引他们的理由。

无论反馈以何种形式获取，都应对其进行追踪和管理，与全体团队成员分享，并妥善存档以供参考。此外，还可以创建一份共享文档，对相关评论进行分类记录，并注明相关的决策或行动。这样做不仅可以传达对收集反馈的兴趣，也能表明愿意根据评论采取行动的态度。这种表态真实而有温度。最重要的是，应该将反馈当作宝贵的资产，给予足够的审视和尊重，并在下一轮的修订中充分考虑。

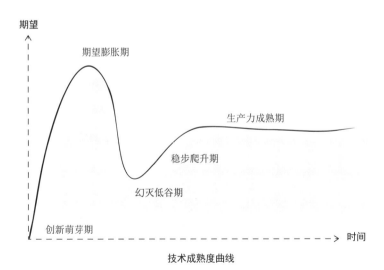

技术成熟度曲线

调整策略

迭代式设计的主要目的是经过一系列的成功和失败，最终实现项目的顺利运行。这种方式虽然成效斐然，但过程中的小幅进展和定期阻力难免让人感到沮丧。这一轨迹在很多方面都与技术成熟度曲线类似，面对新的技术，人们的期望通常先是经历初期的高涨，然后是遭遇失败后的幻灭，但最终会随着时间的推移慢慢接受。

变革理念也是一样，首先经历构想之初的翘首以盼。紧接着，试行或原型阶段暴露的现实考量和限制，往往会将这股热情浇灭。但是只要坚持就会有回报。随着项目的不断迭代，最终会诞生一个大家认可的版本。而最终版本的确定，则需要不断审视方案的可行性、聆听他人的反馈，以及通过每一次的迭代不断修正原有的错误。

调整策略并不仅仅意味着尝试新的方法。团队尝试的每种新方法都取决于先前尝试的结果和反馈。为了确保连贯性，团队需要仔细追踪尝试了什么，哪些方面取得了成功或失败，以及受影响者的感受和想法。和敏捷回顾实践一样，调整策略的最好办法就是仔细研究试行的结果：哪些方面做得好？哪些方面做得不好？可以采取哪些行动来改进下一次试点或原型？如果这些问题的回答显示试行的关键目标已经完成，自然值得庆祝；如果关键目标尚未完成，则可以通过下列追加问题来找到原因：

利益相关者的反应是否令人惊讶或与预期不同？是否存在缺失的变量或洞察？如果答案是肯定的，可能意味着需要进行更多的研究或更深入地了解利益相关者的意见。

接受过程是否慢于预期？具体原因为何？如果答案是肯定的，团队也许需要对时间表进行适当的调整，并且付出更多的耐心。

是否存在新的竞争、新的领导、新的技术或其他在初始策略中未考虑到的变量？设定的目标是否仍然符合实际需求，又或者变革环境有了新的变化？如果答案是肯定的，团队可能需要重新审视现有的愿景、原则或优先事项。

是否存在抵制变革的个人或群体？尽管团队努力使所有人团结一心，但难免有人选择将自己对变革的质疑或消极态度藏匿于心。他们如果不能在规划阶段组织变革，就有可能会等到测试阶段再动手阻挠。

沟通技巧

这一阶段的沟通有两个附加任务：展示正在进行或最近完成的试行项目，吸引利益相关者参与接下来的测试。除了介绍倡议的其他方面，突出已有的成就、洞察和机遇可以帮助我们展现不断改进的变革前景，凝聚变革的热情和动力。展示愿意参加早期实验的利益相关者的行动和成果，也许可以帮助我们赢得好奇者甚至怀疑者的支持。沟通的方式可以是短信、邮件或演讲，最重要的是要及时。在试行结束一个月后才获知，肯定不如立刻获知的参与度高。如果你的沟通策略是每月一次，那么以下内容的传达应当成为例外。

展示试行项目："展示"意味着向利益相关者介绍测试的内容、试行或原型制作的过程，以及何时可以知道结果。展示结果意味着庆祝"胜利"或分析失败的原因。这些信息非常重要，需要尽可能地以广泛、合理、简明的方式进行传达。团队容易因为自身对细节的重视而在介绍试行项目时过于详尽，实际上，利益相关者只会对这些段落粗略一扫，然后点击"收藏"或"删除"，因为这些细节对他们来说并不重要。他们想知道的内容也很简单，就是"我为什么要关心这些？"我们可以通过简单解释变革的要点来回答这个问题，然后以鼓励大家踊跃提问来作结。

通过照片进行沟通是一种不需要很多文字的简单方法。如果试点项目适合进行视觉捕捉，一两张照片可以快速传达正在测试的内容、参与者的意愿和兴奋程度、实验进行的地点及实施方式。使用图形来描述项目完成、参与或成功的衡量标准，也是一种简单有效的视觉沟通手段。像本书这样的个体叙事也很有效，如果文风亲切、风趣幽默或一针见血，效果则会更加显著。

尽管与大多数通信相比，沟通和展示成功的结果是相对愉悦的体验，但有时也会出错。对成功的展示太过片面或者看上去太过一帆风顺，难免引起大家的怀疑。适当分享一些过程中的失误、策略的调整或早期的挫败，可以增加故事的可信度。同时，这也是向试行参与者致敬的绝佳机会，明确地表达创变者从不打算独占全部功劳的态度。

吸引利益相关者参与：对大多数人来说，没有什么比成为英雄或明星更具吸引力。宣传试行项目的成功之处，给予个体贡献应有的嘉奖，可以为下一轮的实验招募新的参与者。虽然无法承诺实验一定成功，但至少让他们看到了成功的可能，而通常情况下，这就已经足够消除利益相关者的顾虑或抵制。

支持和奖励执行的过程而非结果，是对其迭代属性的最佳声明。这一过程也提醒所有人，耐心和坚持才是变革的核心所在，除此之外，个体的贡献也至关重要。正如 Autodesk 前首席产品官兼联席首席执行官阿马尔·汉斯帕尔所说：

> 有一件事非常重要但我还做得不够，那就是庆祝胜利。走到别人面前，然后告诉他："嘿，干得漂亮！"就是最好的沟通。你要是不这么做，人们会以为你的奖励只是为了完成任务。

Autodesk 公司庆祝工作的顺利完成
摄影：理查德·霍华德

如果公开的庆祝无法进行或不合时宜，可以考虑其他的吸引方式。例如，利用奖品或现金奖励来吸引客户参与设计调研，或者通过提供经验或定制培训来吸引实习生的加入。奖品、鲜花、证书、食物……只要不违反法律和道德，任何形式的奖励都值得一试。

有段时间，克里斯托弗的公司非常繁忙，负责公司幸福感和凝聚力的同事担心，这样的工作强度会破坏同事之间的关系，以及随意分享想法和心得的氛围。于是，他们决定试行每周一次的"快乐时光"活动，让所有员工在周五下午放下工作，齐聚会议室，享用免费的啤酒和点心。一开始，这项实验只吸引了极少数人的参与，但发起者并没有气馁。第二周，她把所有的啤酒和食物都堆进一辆推车里，然后走进办公室，将推车停在每个人的办公桌前，让大家暂时停下工作休息一阵子。这种吸引手段不仅奏效，而且自身也成为一种变革——"啤酒推车"成为每周一次的固定活动，帮助大家暂停、休息、大笑，然后重新建立连接。

可惜并非所有项目都能如此完满收尾。在项目失败的情况下，展示和吸引就变得更加复杂和难以实现。努力仍然重要，只是需要更多的思考和创意。

要点回顾

学会迭代

想要解决复杂问题和推动持久变革，需要不断地试错和利益相关者的反馈。

反复改进，直到成功

迭代式开发是一个从容易管理的小型尝试，到分析结果，然后根据相关信息作出调整的循环过程。每一次的迭代都能为团队提供新的信息，并不断改进设计的质量、功能和吸引力，直到得出理想的解决方案。

建立支持

试行和原型可以帮助我们更好地做出决策，尽早发现无人察觉的问题，以便及时解决或避免，还能为我们争取利益相关者的支持和参与。由于试行项目和原型制作的重点是测试受众反应，因此，经常和受影响者进行沟通并收集反馈是这一过程的关键。

庆祝胜利

支持和奖励执行的过程而非结果，是对其迭代属性的最佳声明。这一过程也提醒所有人，耐心和坚持才是变革的核心所在，除此之外，个体的贡献也至关重要。

延伸阅读

《超越原型》，道格拉斯·弗格森，Voltage Control，2019 年。

《用心倾听：建立真挚连接、沟通和关系的基础》，帕特里克·金，独立出版，2020 年。

《小赌大胜：卓越的公司如何实现突破性的创新与变革》，彼得·西姆斯，电子工业出版社，2012 年。

《噪声：人类判断的缺陷》，丹尼尔·卡尼曼/奥利维耶·西博尼/卡斯·R.桑斯坦/卡斯·桑斯坦，浙江教育出版社，2021 年 8.2（898 人评价）。

《设计冲刺：谷歌风投如何 5 天完成产品迭代》，杰克·纳普/约翰·泽拉茨基/布拉登·科维茨，浙江大学出版社，2016 年。

《侦察兵思维：为什么有些人能看清真相，而有些人不能？》，朱莉娅·加利夫，中信出版集团，2023 年。

《反复试错，直至成功》（Trial, Error, and Success: 10 Insights into Realistic Knowledge, Thinking, and Emotional Intelligence），西玛·迪米特里耶夫/玛丽安·卡林奇，Armin Lear Press，2021 年。

第十二章　应对失败

　　没有变革倡议可以保证一帆风顺。全能领导者也难免会有失误的时候，团队运作可能失衡，公司内部可能面临阻力，变革环境可能发生改变。每个环节，无论人员、流程、观念还是节奏，都有可能发生意外。这些风险可以通过创变者精明的管理而显著降低，但永远无法完全避免。学会接受失败，并从中汲取经验和教训，可以有效地化危为机。

　　没有人喜欢失败。孩子们在小学时就被教育要避免失败，成人几乎本能地试图回避或隐瞒失败。然而，每个人都会以各种方式多次失败，无论是像公司倒闭这样无法隐瞒和挽回的大型失败，还是像试点和实验这样可逆转的小型失败。一方面，创变者不应在失败面前掉以轻心；另一方面，他们也要意识到，在迭代开发的过程中出现小规模的失败，完全是正常且可预期的现象。

　　迭代意味着有些尝试会成功，有些则不会；有些风险会得到回报，有些则不会。允许失败可以为我们带来更多、更好的洞察和想法，预防大规模失败的发生，并节省时间、精力和金钱。遗憾的是，在大多数人眼中，接受失败仍然等同于食用昆虫——价值也许确实存在，但光是想象画面就足以令人反感。

　　对许多人来说，失败的前景影响广泛。它会妨碍进展，贬低努力，打击士气；它会影响我们的自我认知，使人质疑自己的能力、价值和方向。人们担心失败会降低自己的地位，使自己成为其他人眼里一事无成而又低人一等的失败者。这不仅仅是一种心理反应。有证据表明，失败会引发生理反应，尤其是与挑战或测试相关的失败。研究发现，挫败感会导致体内的睾酮水平下降而皮质醇水平上升，而皮质醇水平的上升又会导致紧张和焦虑，从而对类似的问题或挑战产生更加强烈的抗拒心理。它会降低人的适应能力，使振作变得更加困难。

在职场环境中，这些反应的影响会更加深远。当失败涉及包括团队成员在内的其他人士时，挫败感会扩展为愧疚、羞耻和悔恨。预算可能会被削减，时间表可能被延长，支持可能会减少，愿景可能需要被重新定义，有时甚至会导致裁员。它还为批评者提供了把柄，为幸灾乐祸者提供了诱饵，为霸凌者提供了落井下石的可乘之机。

面对失败，大多数人的第一反应就是保护自己的地位、行为或团队。他们会将责任推卸给系统或环境，认为自己的错误决定是出于误导或被迫，又或者选择嫁祸于人。有时甚至选择隐瞒或无视，假装什么都没有发生，或者对问题浑然不觉。与之相反的情况是，当他们无法为自己的失败辩护时，可能会选择揽下全部责任，成为团队或组织的"替罪羔羊"。

更理性的做法，是将一定程度的失败视为变革过程中的正常现象，正如 Mexicue 创始人兼首席执行官托马斯·凯利所说：

米内特·诺曼

米内特·诺曼咨询有限公司创始人

领导变革的过程并不是一帆风顺的，总会遇到一些挫折，你要做的是汲取经验和教训，然后继续前行。我还记得，我在 Autodesk 领导本地化结构改革的时候犯过一个错误。当时我设立了一整套新的职位，然后将这些职位分别安排在不同的办事处。一周后，有人告诉我："米内特，我想你犯了一个重大的错误。把这个职位安排在这里根本不合理，因为他们需要和不同时区的人共事。"

他说得没错。我觉得，奖励那些能够质疑你的人非常重要。于是，我收回了这一决策，并对此毫不讳言。我告诉大家，自己考虑不够周全，后来才了解到更多的信息。我公开感谢了这位信息提供者，并表示自己已经对这一决策进行重新考虑，这些是接下来我们要做的事情。

由于你需要同时处理多件事情，错误总是在所难免。你有一个很好的策略，但实施方法可能会出现偏差，这时，你完全可以进行调整和重新审视。我认为，固执死板才是人们陷入困境的真正原因，他们不愿重新思考。

如果要我给别人建议，我会承认风险、挑战、失误和挫败的不可避免，但与此同时，在这些让人感到混乱和消极的状况之中，也有许多积极正面的因素。它们都是变革的一部分。我们要拥抱变革，就不得不接受一定程度的失败。你必须将这一理念传达给团队，让它成为团队文化的一部分。我们会失败，我们会犯错，这不是什么大不了的事情。

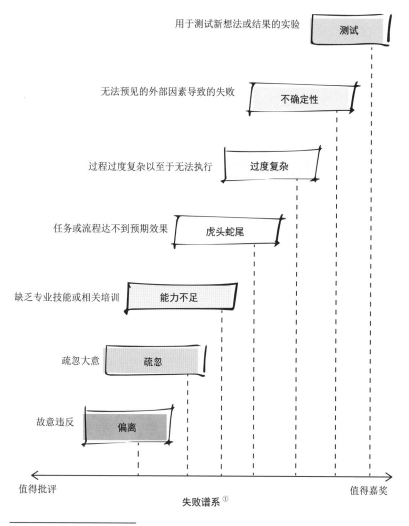

失败谱系 ①

---

① "失败谱系"灵感来自艾米·埃德蒙森的《协同：在知识经济中组织如何学习、创新与竞争》。

这一切都需要我们创造一个允许失败和认可其价值的环境，以及接受失败并练习将其常态化的心态。

把失败作为方法

这种将失败视为过程常态的迭代式变革方法，与风险投资家在投资初创企业时的方法类似。由于即使再精明老练的风投企业，也无法预测哪家初创公司一定会成功，于是他们通常会选择投资一大批企业，然后密切关注市场动态及其他可能影响投资的因素，同时鼓励在必要时做出转变或调整，接受最初的愿景可能会发生变化。他们赌的是，哪怕大部分企业都以失败告终，只要十几家企业里有一家大获成功，就可以弥补其他投资所带来的损失。这样的做法在过去几十年里屡试不爽。

几乎没有风险投资家会以失败者自居，他们深知转型和失败都是成功的代价，不会试图用与之相反的观点来评判自己。相反，他们选择专注于寻找最好的创意，从中选取适合的投资对象，然后将其加入自己的投资组合，并给予足够的时间进行探索、调整、发展或失败。设计师在为任务制作多个样本或渲染时也会采取类似的方法。他们知道其中大部分，甚至可能全部，都会遭遇否决，但每次否决都能增进他们对客户的了解，为他们的创意和逻辑提供养料，并帮助他们在下一轮中交出更好的作品。这时，失败便不再是他们恐惧的对象，而是可以预期和利用的有效资源。

对大多数人来说，这种将失败纳入期望和常规的方法并不常见。我们在每年给学生分配失败任务时，反复验证了这一点。一般我们会向他们解释，他们应该设立一些稍微高出自身能力的目标，或者进行一些具有挑战性的新尝试，然后要求他们分析失败的原因及自身的感受。我们得到的反馈不可避免地包括：感到自己羞愧、无能或愚蠢，甚至认为自己连在失败这件事情上都十分失败。但是这些年来，我们也注意到有一些学生在这方面相对易于接受。有趣的是，他们大部分都是或者曾经是正儿八经的运动员。

经验教训

运动员早已对失败习以为常，因为这是他们提升自己的唯一途径。读再多的课本、写再多的论文开发再多的算法，也无助于肌肉的增长和速度的提升。只有在锻炼和比赛中，不断地体验失败，不断地挑战自己体力和能力的极限，才能获得进步。这样做可以帮助他们确定进步的方向和方法，无论持续时间的延长、新技能的获得还是练习课程的增加。他们将失败视为一名可靠的教练，为他们提供有用的反馈，从而帮助他们设立更高的目标，达到更好的表现。

创变者虽然不是运动员，但可以模仿运动员的做法，将失败视为自己的教练。如果设想的变革项目是一场"比赛"，那么每个试点或原型就是测试效果的"热身赛"。失败的实验值得检讨，但并不应该被贬低或放弃。作为团队，应该从中汲取经验和教训，然后再次尝试。以下是应对意外状况的 4 个简单步骤。

定义失败，承担责任："XYZ 失败了。我对此负责。"这可能是最难大声说出的陈述之一，但它是从失败中学习的重要起点。通过这一陈述，我们表达了对结果的认可，并开始为已发生的事情寻找定义。由于失败拥有多重面向，失败的定义也极其复杂，它可以是愚蠢或高尚的，可以是领导者或其他人的行为，也可以是超出所有人控制范围的外部条件。它可以是永久的，也可以是可逆的，可以是轻微的，也可以是重大的。具体的细节会根据不同的场合有所不同。

这一过程有时会先从能够体现已发生事件的指标或数据开始。无论何种情况，团队成员都应认真聆听失败者的经历。此时掩饰或淡化失败已经无济于事，要做的是尽可能全面地定义失败，然后团队就可以进入下一阶段，找出失败的根本原因。

确定根本原因：接受并定义失败的下一步，就是找出失败的根本原因。项目失败的原因有很多，有些在团队的掌控范围之内，有些则不在；有的可能是单一因素造成，如技术没有按照预期运行，有的可能由多重因素共同导致，如不按指挥行事、对要做的事情没有头绪或者无视已有的反馈。领导者操之过急也是失败的原因之一，Autodesk 前首席产品官兼联席首席执行官阿玛尔・汉斯帕尔就曾坦言：

> 我还记得，当时我们很想完成这个项目，而我已经失去耐心，于是我命令所有人："我们必须马上把产品做出来，并且在这一天发货！"我的一意孤行导致许多问题没有得到解决，人们的意愿也并不强烈，最后项目以失败告终。现在回看，我意识到，我们的确把产品成功地做了出来，但那并非我们真正需要的产品，我们因此反而错失良机。我每次这样做，都会发生不好的事情。有时，你可能会觉得竞争对手正在向你进攻，或者自己在向客户提供价值方面落后于人，但心急绝对吃不了热豆腐。

像试行项目操之过急或支持不足这样的理由，也许看上去简单易明，而一旦深入挖掘，通常就会发现许多原因并非一目了然。客观冷静的分析虽然难以做到，但却是破解蛛丝马迹并找到根本问题的理想工具。例如，到底是流程运作不如预期，还是团队没有严格按照流程操作？到底是问题的性质发生了变化，还是团队没有对问题进行充分理解？聚焦具体的失败点有助于进一步定义失败的范围和性质。是彻底还是部分失败？是与其他发展相互关联还是彼此独立？一切是否尚可逆转？投入足够的时间和精力去寻找失败的真正原因，可以为我们带来更多全新的认知和进步。

探索根本原因通常包括承认特定失误或误判的责任，就像承认一场输掉的球赛或新舞步的失败尝试，重点应在于行为而非愧疚感。勇于承认错误可以帮助创变者更好地看清失败的原因，并作出相应的调整。

汲取教训，达成共识：通常情况下，确定失败的根本原因能够带给我们清晰明了的经验教训。如果流程操之过急，那么教训就是要放慢脚步；如果愿景过于宏大，那么教训就是要脚踏实地。这些经验教训都应得到充分的阐述并与团队共享，在必要的情况下，也可以与所有的利益相关者共同分享。

但有时候失败的教训并不明确，又或者充满争议。团队成员可能没有意识到自己在失败中的角色，或者他们可能对此有不同的看法。如果失败是由多重因素导致的，则可能对哪个原因更重要产生分歧。哪怕对失败的原因已有共识，大家对相应的教训仍然可能持有不同的观点。比如在愿景过于宏大的情况下，得到的教训可以是学会脚踏实地，但也可以是需要更多的资源和更好的团队。

这一步骤的顺利进行，不仅需要对吸取的教训有清晰的表述，同时也要就这些教训达成共识。这需要进行反复讨论、辩论和协商，否则未来很有可能会重蹈覆辙。

确定行动方向：吸取教训之后，就要确定下一步怎么做。有时只需简单的调整，比如部件失灵就修复部件；但有时局面会更加严峻，比如转型的成本过于高昂，无论教训多么精辟实用，最终都只能结束计划并解散团队。这时，确定行动方向就变得更加关乎存亡，它可能涉及职业上的重新定位、新的职责尝试或对专业知识的重新审视。

也许一次失败并不足以让整个倡议破产，但仍然需要时间来重新开始或尝试，而失败的原因可能多种多样，也可能无从知晓。这时，下一步的行为未必可以成功，但至少应该帮助我们进一步挖掘其根本原因。如果原因是参与者的抵抗，那么再次尝试之前，则可能需要首先解决他们的关切。同样，如果原因在于团队成员的不足，那么在继续行动之前，应该首先纠正这种不足。

无论情况简单还是复杂，过往的成功经验都可以为我们确定行动方向提供重要的参考。过去哪些方法行之有效？现在是否仍然适用？团队是否有可以在下一轮中更好利用或弥补的优势或劣势？是否可以请专家提供帮助？任何可能改善下一轮结果的事情都值得考虑。

失败训练

面对失败，除了可以依靠一些既有的框架，内在力量的积累也十分重要。运动员通过不断地训练来提高自己的表现，无独有偶，也可以利用类似的方法提高自己对失败的适应能力。和其他成长方法一样，分析失败的生理、心理和文化影响可以为我们带来许多启发。

失败的生理影响非常有趣。如果你过于关注本身而非其所给的教训，你的压力就会一直保持在较高水平。压力水平越高，你的大脑就越难从失败中受益。因此，失败训练的一个重要部分，就是学会摆脱失败带来的压力反射，以更开放的心态去吸取经验和教训。这意味着要花费时间进行复原，或利用一些其他的镇定方法来激活副交感神经系统，触发大脑的放松反应。又或者通过专注于"赢"来与挫败感进行抗衡，正如克里斯蒂娜·沃特克在其《自我管理型团队》（The Team That Managed Itself）一书中所说：

> 在每周五的胜利会议上，所有团队都尽展其所能——工程师展示他们成功实现的代码片段，设计师展示样机和地图，销售团队展示他们成功签下的客户，客服团队谈论他们成功挽回的顾客，业务拓展团队分享刚完成的交易……这样做有几点好处。首先，你开始感觉自己属于某个非常特别的胜利团队；其次，团队开始期待分享自己的喜悦，他们开始渴望胜利；最后，公司开始了解每个领域正在发生的事情，以及大家每天都在做什么。

从心理学的角度来处理失败可能类似于处理死亡或失去，特别是当期望值过高，导致失败过于惨痛时。人们的情绪会从一开始的震惊、否认和愤怒，走向接受和反思，然后新的意义开始浮现，并随着时间的推移逐渐巩固。随着全新意义的诞生，好奇与创意也逐渐萌芽，随后往往会带来新的目标和承诺。有时，仅仅是认识到这一过程的可预测性，就能有助于缓解焦虑和减少负面的自我对话。

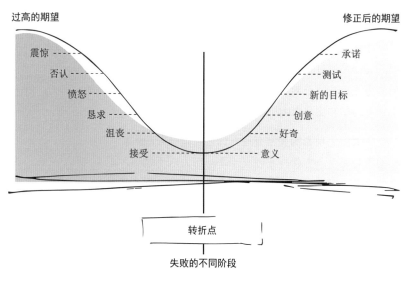

失败的不同阶段

如何利用失败转变心态

　　另一种类似的训练方法，是更加自觉地去了解你对失败的看法，并根据这一看法来调整自己的心态。但是，积极地应对失败并不意味着强颜欢笑。而是真正看到失败的价值，并将其转化为新的意义和动力。幸运的是，有研究表明，人们可以通过"面对、接受和利用"3个步骤来改变自己的心态。这种方法与团队处理失败的框架类似，但在应用方面更加个体化。

　　"面对"意味着承认失败带来的压力，从而将思维从感性层面转移到理性层面，将反应从恐惧变为深思熟虑。只要通过这一简单转变，就可以让自己成为感受的掌控者，并让理性的大脑专注于下一步的规划而非对失败的反应。

"接受"意味着找到压力的来源并理解自己感受到压力的原因，然后欣然接受它在生活中扮演的角色。因为通常只有让你在乎的事情才会让你感到压力，而这一步骤可以让你思考，这次失败对你来说为何如此重要？变革倡议的失败让你倍感挫败，可能是因为它让你开始质疑自己的专业知识，或者是因为你与团队有着深厚的情感联系，不愿让他们感到失望。找到它们如此重要的原因，可以帮助你理解压力在生活中扮演的角色及对你的帮助。

最后一步是"利用"，意味着将上一步所确定的价值与下一步的行动相结合。如果你的挫败感来自于团队之间的情感联系，那实际上这是一个积极的信号，提醒你寻找更具战略性或互补性的团队合作方式。如果你的挫败感源于对自己专业知识的质疑，那么你应该思考，是否可以通过更多的培训、经验或外部意见来解决这个问题？

沟通技巧

高效而积极地分享关于失败的经验，可以让你在沟通过程中如虎添翼。即使是那些声称重视失败的组织，也常常难以完全兑现承诺。通过将失败视为可预测的常态，接纳那些敢于冒险的失败者，并邀请所有人参与吸取经验并重新尝试的过程，可以巩固将失败视为变革中可接受部分的这一观念。

淡化失败：可以通过将失败纳入每周会议，要求所有人谈论他们正在经历的小型失误或者风险，从而将失败常态化。为所有尝试准备一份备用计划，也可以释放所有计划都有失败的可能这一信号。另一个降低挫败感的方法，是对其重新命名。这可能只是一种心理战术，但在这种情况下的确十分有效。言语对我们的思维、沟通和他人的观念有着非常深远的影响。可以选择用"挫折"或"障碍"、"吸取经验"或"发现新的方向"来代替"失败"一词。事先就决定以相对褒义的词语来定义失败，可以将对批评的被动反应转化为主动的战略性举动。

与之相关的举动是以积极乐观的心态面对所有失败，正如"黑人领袖组织社区"创始人兼执行董事安吉拉·朗所说：

> 失败是非常私人的事情，因为它们通常以某种方式、形态或形式与我们的身份认同息息相关。为了帮助大家建立处理失败或不足的健康心态，我尝试对失败进行包装。如果我们失去一名支持的候选人，我的工作之一就是从这一结果中找到赢点，并告诉团队，无论发生什么，我都为他们和他们所做的工作感到骄傲。有时我们无法取得重大的胜利，但也许可以努力实现一些小型的胜利，然后站起来继续前行。整个过程中，我的角色就像一名努力让大家积极乐观的导演——而这在我只想找个洞钻进去的时刻尤为困难。

悦纳教训：哪怕效果是正面的，传递坏消息也从来不是一件容易的事情。你可能会想和团队一起花更多的时间进行深入探讨。对失败进行全面剖析，按照时间顺序对其过程进行完整的讲述，也许会有所帮助。这样可以帮助团队成员内化教训，并与所有参与者共情。这一做法聚焦于实验和失败的因果关系，而非相互指责，并且最好在外出办公等时间段进行，这样会得到团队的更多关注。理想情况下，还应将它与成功故事相结合，从而与失败互相平衡并保持士气高昂。

与其他利益相关者的沟通则是越简洁越好。将失败报告纳入常规沟通也有助于降低大家的反应。根据环境的不同，失败报告的标签可以是幽默的"一败涂地"或严肃的"惨痛教训"。此外，还可以考虑征求大家的意见，探讨解决新问题的最佳方式，或可能出现的其他问题。给予解决方案和相关建议，可以帮助我们将失败转化成为利益相关者提供额外价值的机会。虽然接受帮助可能需要放下一些身段，但可以极大地增加倡议成功的概率。无论采取何种方式，都应简洁明了地解释出现的问题及相应的解决方案。

但是，这些技巧只适用于愿意配合的受众，如果他们无法或不愿看到失败的价值，又或者将其视为攻击你本人及倡议的手段，沟通的挑战性就会大幅增加。这时，你需要一定的自我保护。尽管在生活的任何阶段，都应该避免接触那些充满恶意或者将安全感建立在过多的情感需求之上的人，但这一点在变革倡议中尤其适用。如果无法完全避免，那么至少要明确哪些批评可以接受，哪些不能接受，保护自己免受恶言相向者的伤害。

虽然领导者的以身作则在接受失败方面极具指导意义，但并不建议将责任独揽。领导者的身份使他们非常容易遭受其他人的批评和攻击。在对风险进行优先排序和先行试点，并将沟通常态化和包容化的情况下，失败应当被视为团队实验的预期结果。关于失败的任何解释都不应将责任单独指向个人。

要点回顾

失败是变革的一部分

迭代意味着有些尝试会成功，有些则不会；有些风险会得到回报，有些则不会。所有参与计划的人，包括利益相关者，都需要理解并支持这种方法及其好处。允许失败可以为我们带来更多、更好的洞察和想法。

没有人喜欢失败

失败会影响自我认识，使人质疑自己的能力、价值和方向。人们担心失败会降低自己的地位，使自己成为其他人眼里一事无成而又低人一等的失败者。

让失败成为你的教练

要减少失败的压力，增加失败的价值，创变者必须从失败中学习。这意味着接收并定义失败，找到根本原因，并就失败的教训达成共识，然后决定下一步行动的内容。

站起身，再次尝试

创变者可以运用各种生理、心理和文化技巧，帮助自己更熟练地从失败中学习和恢复，这些技巧包括：提高自我意识、重新命名失败和失败的"常态化"练习。

延伸阅读

《失误：为什么我们总爱犯错》，凯瑟琳·舒尔茨，中信出版集团，2019 年。

《转败为胜》（Failing Forward: Turning Mistakes into Stepping Stones for Success），约翰·C. 麦克斯韦尔、亨利·O. 阿诺德等著，Thomas Nelson Inc.，2000 年。

《克服领袖的阴暗面》（Overcoming the Dark Side of Leadership: How to Bccomc an Effective Leader by Confronting Potential Failures），加里·L. 麦金托什、塞缪尔·D. 里马，Baker Books，2007 年。

《突围：一本小书教你何时放弃（何时坚持）》（The Dip: A Little Book That Teaches You When to Quit (and When to Stick)），塞思·戈丁，Portfolio，2007 年。

《无畏的组织：构建心理安全空间以激发团队的创新、学习和成长》，艾米·C. 埃德蒙森，东方出版社，2020 年。

第十三章　应对成功

成功能给人带来满足。它让汗水变得更有价值，让利益相关者和团队成员更加雀跃，让变革倡议及其支持者变得更有可信度。对变革团队来说，这是值得击掌庆祝的高光时刻，可以满足个人的自我价值并促进团队的团结共识。它让假设有了依据，让风险变得合理，为能量和志向提供补给。重大的胜利甚至可以让批评者和质疑者改变立场。成功永远值得记录和庆祝，只要大家意识到，这是漫长征途中的短暂休憩。

和所有结果一样，成功也有其缺陷。它所带来的可能并非预想中的个人满足和各种好处，而是更多的工作、挑战和压力。有时，创变者可能无法得到应有的功劳和赞赏。人们往往倾向于淡化自己在失败中的作用，夸大自己对成功的贡献。平时对变革倡议毫不关心的经理可能会突然将变革的成就写进自己的履历；经常拒绝提供更多资源的首席执行官可能宣称自己过去是变革的坚定支持者。

这些不公平的行为十分常见，但大多数也并不值得争辩。从设计师的角度来看，所有项目都是团队合作的成果，将功劳与所有人共享，哪怕是那些没有提供实际帮助的人，虽然会让人感到短暂的不适，但却可以为下一步的努力提供支持。

单个项目的成功往往并非变革倡议的终点，而是帮助我们在后面几年时间里谨慎追踪并在深思熟虑后不断规模化的起点。每一次试行项目或原型测试的成功，都有助于变革倡议的普及。有时，一个项目的成功能够立即启动新的变革倡议或者目标，又或者促使团队的努力方向从"推动"向"拉动"转型。

从推动到拉动

规模化是逐步而有意识地扩张，理想情况下，当利益相关者积累到一定的数量，变革会达到一个"引爆点"。这些引爆点是变革的加速剂，它确保变革能够以更快的速度被更广泛、深入地接受，减少团队工作的阻力，象征更持久的成功。正如菲尔·吉尔伯特回忆自己在 IBM 担任设计主管的经历时所说：

> 到 2015 年底，我们通过研讨会直接影响了四分之一的产品人员。这些人既不是销售人员，也不是管理人员，而是一线的设计师、开发人员、产品经理和营销人员。但是突然间，所有人都在使用这些术语。设计思维团队成员的加入，为新团队带来许多交叉经验。即使是那些没有参加训练营研讨会的人，也开始采用这种新的模式。这就是我们的引爆点，一个发生在我们身边的真实案例。它给我带来了许多启发。

从那时起，我们开始先聚焦公司的部分业务，努力得到该部分业务四分之一的支持。与此同时，我们也对沟通策略高度重视，确保信息和影响力的广泛传播。

"引爆点"这一概念由埃弗雷特·罗杰斯在其经典著作《创新的扩散》中首次提及。后来由杰弗里·摩尔在《跨越鸿沟》一书中被延伸应用到科技初创企业，并通过马尔科姆·格拉德威尔的《引爆点》被广泛普及。它通常被用于跟踪新产品或服务的成功进度，但很少被应用于内部项目，尤其是那些追求自上而下变革指令或忽视内部成员多样性的组织。这样简直是错失良机，因为扩散曲线的相关性是普遍使用的，它可以用来预测变革在组织中的传播，从最初的支持迹象一直到最后的全面采纳。

扩散

扩散曲线将决定变革渗透率的人群分为五大类：种子用户、早期采用者、早期大众、后期大众和滞后者，每个类别都在加快或减缓变革采用速度方面起到不同的作用。种子用户是变革探索的启动者，早期采用者可以增加变革的可信度，早期大众为变革增加实质和多样性，后期大众是变革被广泛采纳的体现，而滞后者则可能持续抵抗或被迫改变。了解每个群体的潜在动机，可以为试行项目在成功之后的广泛扩散提供指导。

种子用户有兴趣和耐心尝试新事物，即使它们可能还不够完善。他们的热情可以成为早期的潜力指标，但由于他们一般是外部人员，很少超过总人数的 5%，因此不具备推动其他人采纳的影响力。在变革项目中，这些人可能愿意成为帮手或利益相关者，他们有动力克服早期问题和错误，寻找可行的解决方案，但是他们的支持无法成为其他结果的保障。

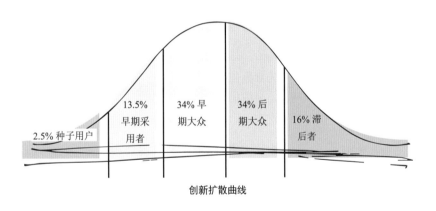

创新扩散曲线

因此，早期采用者将成为变革可能得到广泛认可的最早迹象。这些利益相关者对于愿意尝试的事物更加挑剔，对结果也更加苛求。他们不会容忍种子用户所能容忍的问题，但是如果变革对他们有用，他们会向其他人推销。种子用户和早期采用者合起来约占人群的 15% ～ 20%，共同构成变革的"引爆点"，从这一阶段开始，创新极有可能将以更快的速度向其他群体传播。

虽然扩散曲线是一个便捷的变革规模化框架，但其轨迹并非总是一帆风顺。以下是可能阻碍甚至终止变革普及的 3 种常见陷阱。

热衷者的死胡同：早期种子用户是试行经验或原型项目的热衷者，但也是唯一的采用者。这是初创企业在发现一小波自身产品或体验的热衷者之后的常见经历。在他们眼中，这群热衷者代表着最终会加入变革的更大群体，因此以他们为目标用户，不断完善自己的产品。然而这些产品从未能获得这群人以外的其他用户，事后析误也显示，他们的需求和心态过于独特，无法代表更大的群体。

早期采用者的"无感"：变革在经历过种子用户的初期探索后，下一波的目标群体是同样看到其优点的早期采用者。但在尝试期间，他们没有得到预期的兴奋或满足，于是也不会将它推荐给更大的群体。反而，他们会指出变革的缺点，这些缺点对早期的热衷者来说并不重要，但对早期的采用者来说却高度相关。

大规模的失败：所有早期迹象都指向成功时，规模化的失败才显得最为重大。种子用户爱不释手，早期采用者对其价值赞赏有加，但是由于一些在试行阶段未能察觉的未知变量或条件，导致它在向组织内更大群体推广时遭遇问题。

虽然扩散模型为我们指出了许多潜在的障碍，但它也为渐进式的扩张提供了有力的论据。它详细说明了扩张需要时间和精力的原因，并提示了对于每个群体需要检测和测量的内容。由于多数大规模的变革需要至少 3 ～ 5 年的时间才能被完全接受和采纳，扩散模型能为我们带来珍贵的提醒和实用的影响。

监测和测量

有太多的创变者以为规模化就是最终的结果，而没有意识到，每一次增长都会带来更多的增长，变革的推广也随时可能会陷入停滞。在启动阶段及之后的几个月到几年里，通过为持续的成功或可能的失败提供明确的指标，并为变革的好处提供实质的依据，从而仔细监测和测量变革进度，可以有效帮助我们实现大规模的整合和真正的成功。道格·鲍威尔的经历很好地说明了这一点：

> 我们一开始就应该测量我们可以测量的一切。我们花了好几年的时间才意识到这一点。现在，我们在这方面做得相当不错，但还是漏掉了几个关键错误。我们终于意识到，我们就要走出宽限期，并且需要谈论我们正在推动的改变。我们花了很长时间才学会真正进行有效叙事。

监测变革项目扩张过程中的影响并不意味着监管或干预，而是一种确定变革执行得当并达到预期效果的有效手段。恰当的监测可以让我们了解到变革是否陷入停滞，需要我们做出更多努力，又或者已经可以进行下一步的推广。监测的难点在于确定跟踪和测量的内容。一方面，并不是所有的事情都可以进行监督；另一方面，有些内容会比其他内容更具说服力。

其中一种选择监测内容的方法，是评估变革的风险水平，选择在变革失败时能够代表其最高风险的部分进行监测。如果一家公司成功试行了一种新的员工入职方案，该组织就可以监测在 6 个月后表现令人满意的新员工比例，或者在这段时间内成功入职的新员工数量，又或者根据新方案入职员工的生产效率。具体的监测内容因项目而异，但无论如何都应当是重要且与变革的主要目标直接相关的。

随之而来的问题是，在确定结果之前需要监测多长时间？有些指标可能会不够及时或者直接。例如，如果要改变入职流程以提高工作的效率和满意度，那么这种影响何时可以体现？人们需要时间来适应新的系统和培养新的能力，他们可能会隐瞒自己的满意度，直到确信新系统不会适得其反。

无论监测什么内容及监测多长时间，测量结果应准确而有意义，而这往往意味着定量和定性方法的结合。定量数据，顾名思义，是数字化的。因此，它通常更容易跟踪、理解和解释。它往往更容易被信任为"真相"

和无偏见。它包括关键绩效指标、净推荐值、投资回报率等监测数据，并且广泛适用。它可以精确地反映正在发生的事情，但很少可以用于确定发生的原因。例如，定量数据可能非常适合用于跟踪效率的提高情况，但是无法用来解释效率给人们带来的"感受"、对生活的影响，以及是否可以持续。它可以显示生产力的增长，但无法指出过程中的权衡。它可以突出成功，但也许会忽略背后隐含的损失。

定性数据通常来自访谈或观察，往往更具偶发性。它可以反映出独特的见解和情感的反应，但很难进行确认和验证。因此，它常被认为不可靠或不具有代表性。然而，这类信息可以提供定量数据所忽视的洞察，解释变革带来的心理、情感和行为影响，揭示定量追踪无法看到的联系和权衡。

虽然最明智的监测方法是同时使用定量和定性指标，但要确保定性数据的有效性和适用性，需要付出大量的时间和精力对利益相关者进行访谈，收集反馈意见，并进行定期观察。一个可接

山姆·严

摩根大通商业银行首席创新官

我和同事贾纳基·库马尔注意到，创新的准备过程包括4个阶段。第一个阶段是"孤军奋战"。某位高层领导对某项创新产生灵感，于是，这位孤独的勇士便被委以改变整个组织的重任。他们会有一个小团队来负责整个项目，但所有人都听从高层领导的指示，并且受到高度关注。如果这位孤独的勇士能够证明，他们可以利用这种新的方法带来出乎意料的结果，那就意味着成功。

当你负责的项目越来越多，就会进入第二个阶段——"独立成功"。这时，你会有许多高技能人士，他们可能是团队的初始成员；你开始涉足不同的领域，并分别在各个领域找到成功。

第三个阶段被称为"由推动到拉动"，这可能是规模化进程中最重要的阶段。这一阶段将不再只是由高级主管（可能已经不再担任该职责）进行自上而下的推动，而是开始有其他业务线和高管开始被主动吸纳。他们开始贡献、投资、寻求帮助，以期扩展团队内部的能力。

最后一个阶段是"规模化"。这时，组织对其员工的改革才真正开始。他们通过改革组织结构、激励措施和标准流程，将创新真正带入组织内部。

受的折中方案是，先设计一些包括调查或流数据在内的量化手段，以识别潜在的问题点，然后使用定性访谈或观察来了解这些问题的完整属性和根本原因。另一种方法是关注趋势和相关性，而非单个的数据点和指标。例如，入职改革后，工作效率马上得到了提高，但满意度却没有，就需要进一步探索背后的原因。

有效的监测系统可以帮助确定成果和失误，告诉我们什么可行，什么不可行。虽然人们更倾向于解决问题，但从优势或成功中学习同样值得称赞。成功的经验可以帮助我们了解，变革的哪些方面让利益相关者感到满意和看到变革的价值。如果变革团队忽略这些信息，将注意力局限于解决问题，就可能错失增长的良机。有效的监测系统还可以帮助确定变革是否按照计划和核心原则运行。如果问题的解决构成对核心价值的侵蚀，那只会在未来带来更多的困难。

最后要考虑的细节是谁来管理监测过程。领导发现或迭代阶段的团队成员未必是领导扩展阶段活动的最佳人选。这一阶段需要常规、精确和熟练的政治技巧，需要进行大量的规划和讨论，较少涉及风险的承担和构思。因此，其领导者需要对这些挑战充满热情，同时持续注重沟通和参与的重要性。

沟通技巧

有成功的结果可以分享，沟通也会变得更加灵活和顺畅。这一阶段的媒介选择非常多，只要有传播的倾向即可。你可以利用成功拓展的试行项目作为案例研究开展研讨会议；可以邀请客座作者讲述项目的具体细节；可以录制演示并将视频推送给更多受众，正如作家珍妮丝·弗雷泽回忆她在 Pivotal 公司的经历时所说：

> 我们在 2014 年 6 月加入 Pivotal 的时候，开发人员与设计师
> 的比例是 50:1。两年后，这个比例变成了 5:1。我们通过研讨会

和快速走红的视频实现了这一转变。我在午餐时间以"平衡的团队"为主题发表了演讲，对这一概念进行了阐释，然后人们将它拍成了视频并进行分享。该视频的观看量大概达到了 2000 次，如今已被上传至 YouTube。

随着变革的扩张和推广，应该和之前报告实验情况一样，对监测的内容进行通报：记录所有的修订或调整、将指标转化成浅显易懂的语言、将取得的进展分为符合预期和出乎意料两个类别。沟通的频率取决于变革和组织本身的性质。有些可能需要频繁更新，有些只需要偶尔更新重要的信息。总体而言，沟通的频率在减少，这恰好是项目所处阶段的真实写照，但完全没有沟通只会再次放任谣言的泛滥。最好选择一个恰到好处的更新频率，让倡议在组织内部保持活力，同时提供充足的信息，让受众可以持续参与和了解变革。

无论是通过纸质印刷还是当面交谈，现在都是重提变革的愿景及其影响、回顾变革的旅程和进展，以及从过去的成就中吸取经验的最佳时机。我们可以利用上一章所提到的失败经验汲取框架，通过接受成功、确定和感谢贡献者、分享关键经验和确定行动内容，将成功的价值最大化。

接受成功，表达感谢。接受成功并表达感谢是一种有助于变革扩张和推广的积极行为，但并非所有人都可以欣然接受自己的成功。他们可能担心取得的成功有名无实，担心揽下不属于自己的功劳，担心一切只是昙花一现，又或者担心作为成功的后果，自己会被要求承担更多的工作或责任。他们也许只是不喜欢置身于聚光灯下，不得不面对他人的抱怨或反对。这时，之前提到应对失败的心态训练可以再次派上用场。思考成功给人带来压力的原因，可以帮助我们找到其中的核心价值，明确如何利用这些价值来改善以后的经历。

确定贡献者。赞扬他人的努力，并确保他们感受到被赏识。尽可能具体地指出，项目的成功得益于他们哪方面的努力或专长。这样做可以增加成功的真实感，同时再次确保他们的努力有被看见和重视。由于每个人发挥的作用大小不一，因此给予所有人平等的赞赏显然不切实际，但仍然应当确保没有人被遗漏。有时微小的贡献也可以发挥很大的作用。我们甚至可以利用这个机会与反对者或批评者再次建立连接，了解他们坚持原有立场的原因。向他们展示成功的指标，并邀请他们加入下一阶段的扩张，也许能够成为说服他们的理由。

分享成功经验。尽管运气可能起到一定的作用，但成功高度依赖于良好的判断和明智的决策。这些经验可以帮助其他人提高成功的概率，因此应该广泛共享。这要求我们真心实意地分享经验，而非故意炫耀或者凡尔赛（"我不是什么天才，但我就是这样用三个星期的时间扭转了公司的局势。"）来降低获取档案的门槛，主持回顾会议或方法培训，甚至将这些努力和经验向组织外部开放，这些慷慨之举可以有效推动其他领域的积极变化。

确定行动内容。行动的主体可以是团队，也可以是个人。你的角色可能是继续为之前帮助实施的变革负责；可能倡议已经进入另一个阶段；可能你准备将同样的方法应用于全新的环境；又或者你想去解决一些截然不同的问题。花时间思考下一个挑战，确定自己想做和不想做的事情，可以帮助你避免陷入不适合自己的环境。

要点回顾

规模化的起点

单个项目的成功往往并非变革倡议的终点，而是帮助我们在后面几年时间里谨慎追踪并在深思熟虑后不断规模化的一个起点。

找到引爆点

规模化是逐步而有意识的扩张，理想情况下，当利益相关者积累到一定的数量，变革会达到一个"引爆点"。这些引爆点是变革的加速剂，它确保变革能够以更快的速度被更广泛、深入地接受，减少团队工作的阻力，象征更持久的成功。

检测和测量

在启动阶段及之后的几个月到几年里，仔细监测和测量变革进度，可以有效帮助我们实现大规模的整合和真正的成功。

保持沟通

沟通的频率取决于变革和组织本身的性质。最好选择一个恰到好处的更新频率，让倡议在组织内部保持活力，同时提供充足的信息，让受众可以持续参与和了解变革。

延伸阅读

《跨越鸿沟：颠覆性产品营销指南》，杰弗里·摩尔，机械工业出版社，2022 年。

《创新的扩散（第五版）：创新扩散之父 40 年呕心之作，一剑封喉破创新迷阵！助力万众创新！》，E.M. 罗杰斯（Everett M. Rogers），电子工业出版社，2016 年。

《管理变革》（Managing Transitions: Making the Most of Change），威廉·布瑞奇、苏珊·布瑞奇，Da Capo Lifelong Books，2009 年。

《规模大师》（Masters of Scale: Surprising Truths from the World's Most Successful Entrepreneurs），里德·霍夫曼，Currency，2021 年。

《异类：不一样的成功启示录》，马尔科姆·格拉德威尔，中信出版社，2009 年。

《规模：复杂世界的简单法则》，杰弗里·韦斯特，中信出版社，2018 年。

《自我管理型团队》（The Team That Managed Itself: A Story of Leadership），克里斯蒂娜·沃特克，Cucina Media，2019 年。

《引爆点》，马尔科姆·格拉德威尔，中信出版社，2006 年。

第十四章 设计未来

项目和倡议都会结束，但对变革的需求将持续存在。既有问题的解决往往是新问题的开始，革命性技术、多元化扩展和不断升级的气候危机，将给我们带来一系列的挑战。此时，不妨再次回顾 Ashoka 创始人比尔·德雷顿对创变者的描述：

> 他们善于总结事物的规律，能够在任何情境下快速地识别问题并找到解决方案，组织流动团队，领导集体行动，在瞬息万变的环境中不断调整和适应。

请注意最后一句，创变者需要"在瞬息万变的环境中不断调整和适应"。这一描述看似简单，实行起来却绝非易事。它需要我们敏锐地观察环境的变化，准确评估如何根据新的环境作出反应，而又不牺牲自身的价值和诚信。它需要我们拥有改变方向的勇气和让其他人跟着改变的影响力。它意味着经历挫折与失望，但从不言弃；意味着时刻准备适应未来不断变化的角色、职权和挑战。

本书开头所提到的几位创变者为我们提供了良好的示范。厨师何塞·安德烈斯创办了世界中央厨房，为灾区提供食物援助。他和团队不断适应新的挑战，将工作重点拓展到厨师培训、营养资源倡导及 10 亿美元的气候灾害基金等项目。政治方面，何塞也愈发直言不讳，积极参与各种对话。"黑命攸关"运动除了继续倡导社会正义，也进一步将其光谱变得更加多样、包容。在 Web3 领域，企业家、开发者和社区领袖不断面临新的挑战，为了追求最可行的前进方案，以超乎想象的速度不断迭代。这些挣扎无疑让他们变得更加谨慎和勤奋。

每一位像他们这样的创变者，都已经将面对接二连三的挑战和障碍作为常规实践的一部分。这些经历让他们变得更加自洽、可信和充满效率，并且随时准备迎接即将到来的全新航向。要做到这一点，不仅需要随机应变的心态和灵活性，还需要展望和预测未来、积蓄并维持内在力量的实际能力。

向内探索

正如本书一贯强调的，创变者并非一定是领袖或专家，而更多是一群坚韧不拔的开拓者，以他们建立的联盟和开启的行动为主要衡量标准。他们是导师和教练，能够看见和信赖周围人的内在品格和能力。因此，创变者的力量源自对恰当问题的明确目标和激情，依托于恰当的环境和支持。它建立在对优势和劣势的诚实认知，以及对个人相关价值的一贯遵循基础之上，并通过团队协作和团队精神不断强化。

这些帮助创变者引领变革的品质和行为需要不断地更新维持，正如 Studio O 创始人丽兹·奥格布所描述的：

> 我从事的工作极度消耗感情。为了把事情做好，我不能把个人的情绪带入工作。因此，我有一个内在的平行流程，让自己处理创伤性的情景和情绪。引领变革并非只是一种外部行动，它也是一种内在行动。你必须和外部变革一样，在自己的内部创造一个变革的条件。

可以通过有纪律的权力运用、精心选择的支持网络和充分的自我关怀，来适当、及时地进行自我调适和改善。这些行为绝非遥不可及或可有可无。没有人会质疑体育明星或名人需要自我关怀，也没有人会认为他们无须专业的指导和完善的支持网络就能发挥潜力。在大家眼中，这些都是有助于他们表现的常规职业行为。我们对待创变者的态度也应如此。

权力提升

创变者的权力不仅在于他们作为领导者的职权，还在于他们的影响力和可以促成的结果。诚然，创变者可以确定开发时间表，设定截止日期，批准购买，并惩罚团队成员，但这并非全部。创变者最令人信服的可能是他们安抚他人、团结人群或调解冲突的能力。

通过培训、丰富和实践，这些能力可以并且应该随着时间的推移得到提升和发展。但是，任何权力的公然表达都需要以明确的价值和诚信为根基，以可信赖的关系网络为支撑。被权力蒙蔽双眼从而失去自我和立场的例子数不胜数。他们会为了维护自己的地位，作出最吸引眼球或有利可图的选择。他们抛弃了自己的准则和信念，进行维护权力的交易和诡计。

让自己成为权力的主人而非奴隶，需要高度的自律。权力的提升途径包括但不限于：模仿钦佩的对象并努力成为他人的榜样，赢得他人的尊重，证明自己值得信任。颇具讽刺意义的是，像承认自己的优点那样，诚实地面对自己的脆弱和缺陷，勇敢地承认自己的错误，反而能够赋予你更多的权力。除此之外，还可以通过悉心倾听他人的意见，认真考虑不同的观点，发现并指出他人的自私和偏见，来进一步磨炼这些权力。创变者的权力还体现在对无法支持的环境勇敢说"不"或者果断离开。

勇于为自己发声并拥抱自己的身份认同，可以赋予这些行为更多的能量，正如 BLOC 创始人兼执行董事安吉拉·朗所强调的：

> 我是一个非常直言不讳的人，这给我带来了很多焦虑，所以我不喜欢这样做。记得有一次，我被称为"愤怒的黑人女性"，我对此感到严重被冒犯，因为我非常清楚这个词语所充满的偏见和刻板印象。但是后来我夺回了使用这个词语的主动权，开始学会对自己说："没错，我是一名黑人女性，我很愤怒，有什么问题吗？"

权力的确有其弊端，需要谨慎监督。强势的组织者容易过度管理，具有个人魅力的热衷者容易过度安排，知识渊博的指导者容易过度说教。建立一个愿意并且能够指出这些弊端的密切合作圈层，可以为我们提供有效的监督。

寻求支持

找到志同道合的群体既是对自我的一种赋权，也是一种肯定。它可以为我们提供榜样和示范，分享经验和传播影响，团结人心和提供保护。加入乐于提供支持的社群，可以为创变者提供接受帮助的机会。有一群值得信赖的朋友和同事，可以为验证想法、倾诉抱怨和审视错误提供一个安全的环境。找到或建立这样的社群，可以为创变者提供互助互补的机会，正如斯坦福大学讲师克里斯蒂娜·沃特克所说：

> 我去到每个地方都会做一件事情，就是寻找可以分享知识的社群。如果没有，我就会自己创建一个。我会说："嘿，每个周三下班后我们都去喝一杯，然后聊聊怎么管理吧！"这样，一个小小的社群就建立起来。我们开始一起喝酒或者咖啡，然后讨论工作上的困难及应对的策略。面对如此紧张的工作环境，光靠自己是不行的。想要完美适应，就必须依靠社群，这一点已经在我身上屡试不爽。

支持网络并非只是团队或利益相关者的集合。虽然他们也可能是其中的一员，但两者的日的截然不同。支持网络存在的唯一目的就是为其他成员提供支持，因此，他们未必需要符合开发团队的结构规则，也不一定要非常多元化，更没有严格的等级制度或明确的角色分工。他们更像是一个朋友圈，只不过聚集的原因是工作。寻找这样的圈层有时就像克里斯蒂娜所说的，全靠运气，但有时也可以是基于创变者心中重要指标的有意选择。

支持网络一旦建立，就有义务对道德规范进行明确。保密性和透明度是否得到保证？冲突是否可以接受？尽管这些问题可以随着时间的推移而得到解决，但尽早明确可以减少之后的干扰。对于共同期望和可以接受的内容达成共识，可以让支持网络变得更加放松和有用。不过，支持网络无法为你承担所有重负，你仍然需要承担照顾自己的责任。

自我关怀

变革始终是一项高风险的活动，随时可能被解雇、贬低或者忽视。琐碎的失败无可避免，重大的挫折也时有发生。有时会面临反对，更极端的情况下，还会有人盼着你失败。优先事项随时可能改变，高层赞助者可能会被那些不再相信变革使命的人所取代。如果是曝光度高的项目，你的表现还会受到所有人的密切注视，容不得半点失误。更让人沮丧的是，创变者在实现预期目标的过程中所发挥的作用，甚至可能无人认可。

当这些要求超出创变者的个人和社会资源承受能力，其压力和焦虑水平就会直线上升。适量的压力可以转化为动力，但长期的压力只会损害认知、情绪和知觉能力，从而影响个人表现。压力会让大脑释放肾上腺素和皮质醇等激素。适量的皮质醇是自然和健康的，但如果产量和积量过多，就会导致严重的疾病，损害社交、记忆和学习能力，有时甚至会导致创变者压力上瘾，形成不断寻求更多压力的恶性循环。

这些影响会削弱创变者的领导能力。如果没有机会进行充电和重置，创变者就会产生倦怠，然后迅速失去他人的信任和尊敬。其他人会察觉到他们能力的下降，如果不加以处理，还会影响到变革的进程。一切都会陷入停滞或者混乱失序，并将这种倦怠传染给其他人。

将自我的修复与更新纳入日常，是对抗过度疲劳和压力的有效药方，对此，作家贾尼斯·弗雷泽予以高度重视：

> 变革是一场马拉松。如果能取得一定的成功，它会很快占据你的大脑和生活。从事这项工作的人可能会有非常低落的时刻。有时候会感到毫无希望。即使一切进展顺利，也可能会让人感到太大压力。你必须抽时间去温泉度假一周，去发泄，去与关系密切的人进行倾诉。变革这项工作比大多数企业工作都更加私人，

人们往往是出于某种信念选择从事这项工作，因此容易让它占据
你的生活。我所认识的非常成功的创变者，都对变革非常在乎，
因此，更需要想办法照顾自己。

花时间恢复心理和情绪健康，可以使副交感神经功能恢复到正常（既
不焦虑也不紧张）的状态。积极或肯定的社交场合，可以帮助释放催产
素，抵消皮质醇的影响，激发幸福感和信任感。将持续压力造成的影响抵
消，可以令创变者再次充满能量和热情，帮助他们抵御攻击、专注可能性
并感染其他人，让所有人的情绪都能持续保持在积极的状态。

对一些人来说，这种恢复来自花时间置身于非工作的环境：家人和朋
友，爱好或者娱乐；对另一些人来说，则是一种有意识的正念练习，或者
通过度假或休息来实现的短暂逃离。活动的内容并不重要，重要的是把它
变成一种风雨无阻的定期承诺。自我关怀所需的时间取决于压力的水
平。创变者的压力越大，需要的时间就越多。忽略或拖延该需求的时间不
可过长，因为压力并不会自动消失，只会不断积累，直到无法应对。定期
而充分的自我关怀，可以让这一天永远不会到来。

向外探索

充分的自我关怀、支持网络和影响力可以提高创变者不断适应环境变
化的能力。而与之相得益彰的，还有向外探索和向前展望的能力。

当今社会充满各种复杂多变而又暧昧不明的问题，使我们难以将注意
力从当下转向未来，然而对创变者来说，这一转变势在必行。准确地预测
未来，能够帮助我们在当下作出更好的选择。放眼未来能够为我们提供一
个缓冲的时间，仔细思考我们拥有的选项并从中找到最好的解决方案。简
而言之，它能让我们拥有更多的灵活性，为领导力提供更好的支撑。而展
望的关键在于尺度的把握，对此，Salesforce 首席设计官贾斯汀·马奎尔
给出的建议如下：

我喜欢将这种方法称为"15% 准则"。想象现在你的腰上有一根绳子把你和公司绑在一起，你们之间的距离大概是绳子总长度的 15%，也就是说，你可以领先公司大概 15%。如果你断开这根绳子，跑到距离 20% 以外的地方，你就会被那些专注于当下的人视为未来人类而完全无视。值得注意的是，如果你让绳子在脚下盘旋，这也说明你没有把工作做好。你要让它像吉他弦一样紧绷，这就是你帮助公司向前发展的方式。其中的艺术在于判断对公司来说这 15% 意味着什么？

确定这 15% 的内容并不需要水晶球或塔罗牌。尽管对未来的观察必然是模糊的，但仍然可以通过未来思维进行准确评估。这是一门明确定义的学科，以设计和工程中常见的系统思维和思维实验为基础，拥有专业的人员、机构、框架和工具。

变革对这门学科的重要性不言而喻。未来学家们执着于研究变革发生的过程、地点和时间，以及如何进行传播。他们知道变革可以催生更多的变革，但并非以线性的方式。他们知道未来展望的一个由相互依赖的元素组成的复杂动态系统，其行为难以建模。因此，他们并不试图描绘未来的具体样貌。正如设计鼓励多种解决方案，未来思维鼓励多种未来的可能性。

替代结果

在大多数人的脑海中，未来是一个未经审视的假设框架，对即将发生之事进行的种种预测。而在大多数的假设中，未来或多或少是由现在直接发展而来的。这种观点通常被称为"官方未来"。美国的官方未来期待民主和资本主义将基本保持不变；商业的官方未来期待利润动机将占主导地位；社会基础设施的官方未来期待家庭和友谊将继续建立，食物将轻松获得，交通将可以负担，教育将易于获得。

我们很少对支撑和构成这些官方未来观点的假设进行讨论或仔细审

视，但这种讨论其实很有必要，因为这些假设往往是错误、未经验证或者易变的。2019 年新冠疫情的影响已经充分证明官方未来越来越不准。最近这种情况频繁发生，以至于特里·吉尔贝在 Esalen 担任首席执行官期间，对任何规划都几乎不抱希望：

> 没有计划可以抵抗得了现实的冲击。我想，大环境变化的速度之快，远胜以往。说实话，除了高层的战略框架，现在花再多时间制定详细的多年计划都是徒劳。我们面临着巨大的生存危机，以及洪水、火灾、流行病等"黑天鹅"事件。不仅如此，破坏的速度和变数也在加快脚步。

无论是否有计划，能够快速灵活地适应环境变化都极为重要，而对未来的准确认知能够帮助我们更好地作出调整。发现和审视构成简单未来观的假设基础，可以让这种展望变得更加细腻，使对多种可能性的捕捉更加准确。

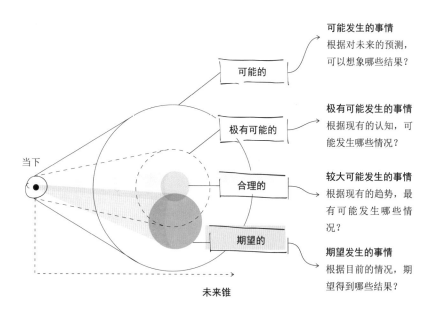

这种审视可以通过未来思维工具——"未来锥"实现。未来锥是一个模型，展示了一系列由当下发展而来的未来结果。展望的时间跨度越广，结果的范围也就越广，换句话说，看得越远，对未来的预测就越不准确。还可以根据未来结果的不同类型，将它们分为"可能的""极有可能的""合理的"和"期望的"4 个类别。其中，"极有可能的"未来与官方未来预测相似——如果没有任何干预，它是最有可能发生的。"合理的"未来只与"极有可能的"未来稍有不同，但仍大体可信。"期望的"未来是对未来的积极展望，它可能靠近或远离当前的趋势。最后，"可能的"未来包括所有可能发生的未来，甚至包括与当前差异巨大的未来。

组织在进行销售流程现代化改革时，可能会假设未来的工作除了在新兴技术和员工多样性方面小有改动之外，仍将大体保持不变。也许在他们的设想中，工作将继续停留在公司内部，并仍然靠利益驱动，领导层也将继续由人类负责，并且仍然会有一班固定的员工和客户对访问、服务和可靠性给予高度的重视。这些都是可能的结果。但是，我们也可以有其他的假设和相关的发展轨迹。例如，计算机可能会承担包括领导层在内的更重要角色；而根据现有的趋势，人们想要自给自足也完全合理；对未来的期望则可能包括政府提供基本收入或者更多的安全保障。

拓展视野

将视野扩展到熟悉的领域之外，也能帮助创变者更好地展望未来。审视来自社会、技术、经济、环境或政治环境（一般被称为"STEEP 分析类别"）的早期信号，可以帮助我们找到新的假设。新行为、新实践、新政策、新风险——这些对于所谓正常事物的小小改变，随着时间的推移，将积累成蓄势待发的更大变革。这些变化可能体现在新兴的趋势或可预测的发展轨迹中，如人口统计、技术路线图和气候动态等。人口出生率下降、教育水平提高、人工智能发展，以及日益增加的环保行为，都是对未来的潜在暗示，需要创变者仔细识别和评估，摒弃传统眼光，考虑各种可能。

要找到通往未来的线索，需要更多地关注那些与你不同的人。这意味着主动寻找和学习不同的价值体系、宗教观点、治理政策，以及激励和推动（或阻碍）人类前进的各种目标，深入了解科学、数学和人文艺术，走出舒适区，从而为新的发现创造空间。

追踪和思考不同经验的影响，可以提醒改变团队中的每个人关注未来变化的潜力，并让辩论变得更有洞见和成效。这些影响可以提示我们加快速度或者三思后行，帮助我们在不同的选项之间进行权衡，明确是否需要完全重新设计或者只需重新定位，确保设想的变革可以适用于目前无法想象的未来场景。

以一种拥抱不确定的方式，提前预测未来的不同可能性，能够显著增加创变者对当下行动的信心。他们寻找未来充满不确定的重要方面，并试图理解它们所带来的影响；明白未来不是线性和可预测的，而是受制于相互竞争的力量和人类决策的难以预测。他们运用自己的内在力量——韧性、影响力和灵活性，以适应未来的任何改变，并持续将其转化为可以设计的空间。

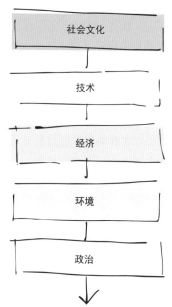

我们需要关注未来的哪些因素？
这些因素将对我们的目标产生哪些影响？
我们可以采取哪些行动来减轻风险？

未来趋势筛选

设计未来

未来取决于变革，而非时间。时间只是单纯地流逝，只有变革才能创造不一样的未来。而无论大小好坏，所有的变革都诞生于当下的行动。

创变者可以通过领导者的角色影响未来。他们可以利用自己的愿景和变革能力来激励他人，鼓励和指导团队实施新的方法或系统，培育新的领导者。他们还可以通过帮助公司、组织和文化拥抱不确定并成为自己的变革设计者，从而发挥和扩大自己的影响力。与此同时，他们还可以保持一定的稳定性和连贯性，正如斯坦福大学继续学习项目主任兼副院长詹妮弗·戴茨所建议的：

> 只要执行得当，你会发现，通过顺应生活的节奏，或者小规模的预测，你可以在你的团队或项目之间产生一种自由、活力和凝聚力。尽管新冠疫情让人身心俱疲，但整个应对过程其实非常自由有趣，因为我有一个强大而坚毅的团队，他们虽然面临种种困难，但依然有信心和兴趣帮助一位 82 岁的教授学习用 Zoom 授课。

詹妮弗所提到的"顺应生活的节奏"，需要我们不断内外求索，培养内在的力量和韧性，并将其应用于未来的挑战。这是一种呼吁，而非简单的工作描述。无论创变者目标的大小和性质如何，他们的行动都值得我们关注和尊重。他们能够发现问题和挑战，专注于重要事项，并主动寻找解决方案；他们为变革提供支持和保障，积极构建能够容纳所有利益相关者的共创方法；他们能够以引人入胜的方式如实讲述变革的故事；他们定义可能性，设想可能的情景，不断迭代、失败、学习和再次尝试；他们将胜利的果实妥善保管并机智推广，不计成本和代价。

面对来自气候变化、多样性、技术和医学革命的各种挑战，世界需要更多能够不断进化的组织和创变者，需要更加高效、互动性强且更具包容性和同情心的团队。希望这个万物相关的世界能继续认可设计的力量和潜能，并利用其独特的力量来缓和影响、平息混乱，不再以狭隘的方式思考和行动，也不再向过去倒退。

未来永远不会十全十美。即便是最有成就的创变者也无法预测所有事情，但也许只要像何塞·安德烈斯、"黑命攸关"活动人士和 Web 3.0 创新者这样勇敢的开拓者，拥有足够多的信徒，就仍然可以回到那个变革等同于进步的时代。我们可以成为问题的解决者、流动群体的组织者、集体行动的领导者和环境变化的适应者。我们可以生活在一个未来由当下领导者精心设计的世界。

要点回顾

不断适应

需要创变者机智应对的挑战将不断出现，因此，不断适应环境的变化永远是成为创变者的一项基本条件——不仅限于特定的情况，而是作为他们的本质和反应方式的持续存在。

向内探索

可以通过有纪律的权力运用、精心选择的支持网络和充分的自我关怀，来适当和及时地进行自我调适和改善。

向外探索

能够在专注当下的同时，不断根据未来可能的变化作出调整，可以帮助创变者获得更多的力量，与志同道合者建立联系，持续感知和适应环境的变化。

设计未来

放眼未来能够为我们提供一个缓冲的时间，仔细思考我们拥有的选项，并从中找到最好的解决方案。以一种拥抱不确定的方式，提前预测未来的不同可能性，明白未来不是线性和可预测的，而是受制于相互竞争的力量和人类决策的难以预测，能够显著增加创变者对当下行动的信心。

延伸阅读

《与无常共处》，佩玛·丘卓，中国藏学出版社，2007 年。

《无所畏惧》，布琳·布朗，中信出版集团，2021 年。

《怎么松》，一行禅师，大块文化，2016 年。

《想象未来》（Imaginable: How to See the Future Coming and Feel Ready for Anything—Even Things That Seem Impossible Today），简·麦戈尼格尔，Spiegel & Grau，2022 年。

《关于幸福的 10 次呼吸》（Ten Breaths to Happiness: Touching Life in Its Fullness），格伦·施耐德，Parallax 出版社，2013 年。

《权力的 48 条法则》，罗伯特·格林，东方出版中心，2007 年。

《韧性的艺术》（The Art of Resilience: Strategies for an Unbreakable Mind and Body），罗斯·埃奇利，HarperCollins，2021 年。

《说"不"的艺术》（The Art of Saying NO: How to Stand Your Ground, Reclaim Your Time and Energy, and Refuse to Be Taken for Granted）达蒙·扎哈里亚德斯，独立出版，2021 年。

致　谢

除了本书开头提到的贡献者，我们还想感谢下列人士的大力支持、协作精神和非凡创意：

首先，感谢我们的出版商卢·罗森菲尔德和执行编辑玛尔塔·贾斯塔克，感谢他们相信我们的愿景，并给予我们自由灵活的创作空间。

然后，感谢我们无与伦比的设计团队。来自 MINE 的克里斯托弗·西蒙斯以其深思熟虑的内页设计为本书奠定了基调。艾诺·霍斯马为本书创作了一系列美轮美奂的插图，以"令人惊叹"的水准提升了本书的整体气质。大卫·范·内斯以其风趣优雅的作风完成了全书的制作，其对细节的关注令人叹为观止。来自 Heads of State 的杰森·克涅维奇以其风格鲜明的封面插图对本书内容进行了生动刻画。约翰·坎特威尔以其炉火纯青的文字功底为本书贡献了绝妙的副标题和相关的营销支持。

还要特别感谢凯特·福尔摩斯为本书撰写了如此精彩的前言，以及所有曾为本书写下真挚荐言的人。

感谢慷慨大度的朋友和家人——麦肯齐·马斯滕，凯利·爱尔兰 凯利，乔·赫罗德，克里·爱尔兰，布伦达·劳雷尔，南希·德约和克里斯蒂·罗森达尔，他们在本书尚未成形之时便成为了热心的读者，并提供了宝贵的意见。

感谢客户和同事，让我们能够拥有实时学习的机会，并发展出在大规模设计变革过程中应对复杂流程和人际关系所需的技能。如今，我们以同样的方法来帮助他人，以回馈他们对我们的信任。

感谢所有亲朋好友，他们耐心地等待我们停下对整本书的吹毛求疵，重新整理我们评论过的几十本书，然后关闭计算机，与大家共进晚餐。我们知道，再多的感谢也不足以为报，唯有承诺明年给予他们更多的陪伴。

玛丽亚还想特别要感谢她的丈夫斯科特·艾伦，以及她的两个孩子麦克斯韦·艾伦和奥利维亚·艾伦，他们的爱、支持和耐心为玛丽亚提供了坚实的支持，增添了风趣和幽默。还有她的姐姐特丽·朱迪斯 - 刘易斯，她是世界上最好的姐姐。

这本书不仅是玛丽亚和克里斯托弗共同经历的产物，也是他们对彼此的深爱与敬重。感谢宇宙让我们相遇。

本书能有如此鲜活的呈现，主要得益于下列人士的真知灼见。他们是当代变革的引领者，在艰难时刻摸索前行，敢为人先，并且在本书的创作过程中，毫无保留地向我们分享了自己的经验和建议，对此，我们深表感谢。

劳拉莉·阿尔本（Lauralee Alben）

Sea Change Design Institute 创始人兼首席执行官

桑尼·贝茨（Sunny Bates）

redthread.is 创始人、Sudden Compass 联合创始人

鲍勃·巴克斯利（Bob Baxley）

资深设计总监

凯文·贝修恩（Kevin Bethune）

dreams · design + life 创始人兼首席创意官

莎拉·布鲁克斯（Sarah Brooks）

设计策略师及实用未来主义者

凯瑟琳·卡里奇（Catherine Courage）

Google 消费产品部门用户体验副总裁

詹妮弗·戴茨（Jennifer Deitz）

斯坦福大学继续教育学院主任兼副院长

珍妮丝·弗雷泽（Janice Fraser）

《更远，更快，更少麻烦》（Farther, Faster, and Far Less Drama）作者

鲍勃·盖伦（Bob Galen）

Zenergy Technologies 敏捷实践总监

菲尔·吉尔伯特（Phil Gilbert）

IBM 设计总监（已退休）

特伦斯·吉尔贝（Terence Gilbey）

Esalen Institute 首席执行官

迈克尔·高夫（Michael Gough）

船长 & 前 Uber 设计副总裁

卡伦·汉森（Kaaren Hanson）

摩根大通（JPMorgan Chase）消费者和社区银行部门首席设计官

阿玛尔·汉斯帕尔（Amar Hanspal）

前首席产品官、Autodesk 联合首席执行官

戴夫·霍弗（Dave Hoffer）

设计总监

大卫·M. 凯利（David M. Kelley）

IDEO 创始人、斯坦福大学哈索－普拉特納设计研究院 (Hasso Plattner Institute of Design) 创始人

托马斯·凯利（Thomas Kelly）

Mexicue 创始人兼首席执行官

詹妮弗·基利安（Jennifer Kilian）

麦肯锡公司合伙人

贾纳基·库马尔（Janaki Kumar）

摩根大通商业银行设计主管

安吉拉·朗（Angela Lang）

黑人领袖组织社区（BLOC）创始人

吉恩·李（Gene Lee）

Autodesk 体验设计副总裁

珍妮·利德特卡（Jeanne Liedtka）

弗吉尼亚大学达顿商学院教授

约翰·梅达（John Maeda）

技术专家

贾斯汀·马奎尔三世（Justin Maguire III）

Salesforce 首席设计官

杰米·迈罗尔德（Jamie Myrold）

Apple 设计师

米内特·诺曼（Minette Norman）

米内特·诺曼咨询有限公司创始人

丽兹·奥格布（Liz Ogbu）

Studio O 创始人兼负责人

萨拉·奥特洛夫（Sara Ortloff）

谷歌高级设计总监

艾米丽·皮洛顿 - 林（Emily Pilloton-Lam）

Girls Garage 创始人兼执行董事

道格·鲍威尔（Doug Powell）

Expedia 设计实践管理副总裁

艾薇·罗斯（Ivy Ross）

Google 硬件设计副总裁

克里斯蒂娜·沃特克（Christina Wodtke）

斯坦福大学讲师兼作家

山姆·严（Sam Yen）

摩根大通商业银行首席创新官